Internet. Edición 2006

Internet. Edición 2006

Pedro Jareño Algobia

ANAYA
MULTIMEDIA

GUÍAS DE INICIACIÓN

Responsable editorial:
Eugenio Tuya Feijoó

Realización de cubierta:
Cecilia Poza Melero

Ilustración de cubierta:
Narcís Fernández

Juan Ignacio Luca de Tena, 15. 28027 Madrid
Depósito legal: M. 36.736-2005
ISBN: 84-415-1916-1
Printed in Spain
Impreso en
Lavel, S. A.

Índice

Cómo usar esta guía

Esta guía de iniciación pretende acercar Internet a todos los lectores, mediante un lenguaje ameno, sencillo y comprensible. Internet se ha introducido en nuestras vidas y ha dejado de ser un instrumento para usar en el trabajo para convertirse en una referencia en nuestra sociedad. Por eso, este manual trata de presentar al lector todo el abanico de posibilidades que ofrece Internet ayudando a los poco iniciados a dar sus primeros pasitos en un terreno moderno y en plena vanguardia.

Estructura del libro

Este libro está dividido en diez capítulos básicos. Partiendo desde la historia de Internet y acercando al lector a los conceptos y los términos más importantes, para que no se enfrente ante un ordenador como si se tratara de un enemigo, esta guía realiza un recorrido por la mayor parte de las actividades que se pueden realizar por la Red. Así, podemos realizar una división del contenido de este libro en dos grandes apartados:

- Los tres primeros capítulos son una aproximación a la historia y a los principales elementos que configuran Internet.
- El resto de capítulos está orientado a presentar al lector todo el universo de opciones y posibilidades de uso que tiene Internet, desde el correo electrónico hasta la descarga de archivos, pasando por la búsqueda de información o los blogs.

También encontrará a lo largo del libro recuadros con elementos destacados sobre el texto normal, comunicándole de manera breve y rápida algún truco o concepto relacionado con lo que está leyendo, o advirtiéndole de algo. Estos recuadros serán:

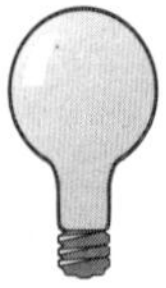

Este icono irá acompañado de un texto que le proporcionará "ideas felices" y útiles extraídas de las experiencias del autor. Todas estas ideas le ayudarán a realizar mejor su trabajo dándole un acabado perfecto.

Con este icono se mostrarán métodos alternativos más rápidos para realizar operaciones. Todo ello, con la finalidad de acelerar su trabajo. Ya sabe: no sólo se trata de hacerlo bien; si, además, se hace rápidamente, mucho mejor.

El texto que acompaña a este icono le aclarará conceptos complementarios que le harán aumentar su cultura informática. También le advertirá de las consecuencias de algunas operaciones delicadas, y le aconsejará realizar acciones preventivas contra posibles desastres informáticos, propios de usuarios con poca experiencia.

Introducción

Internet es en la actualidad un instrumento de uso cotidiano. No se puede concebir el presente y, mucho menos, el futuro sin pensar en la Red. Millones de personas en todo el mundo utilizan este servicio a diario, dando cuenta de la relevancia de esta tecnología. Navegar por millones de páginas, enviar correos electrónicos a personas que se encuentren en la otra parte del mundo, comunicarse instantáneamente y de forma gratuita con cualquier ciudadano, con independencia del lugar en el que se encuentre, enviar archivos, documentos, fotografías o vídeos o realizar la compra, son sólo algunas de las miles de cosas que se pueden realizar con apenas dedicarle un par de minutos a Internet.

Y es que la Red es un instrumento del que hay que sacar provecho. Pese a que en un principio, Internet parecía un invento dedicado sólo a los más pudientes o simplemente a labores profesionales, su evolución es tan rápida y sorprendente que, hoy en día, se ha convertido en algo de uso personal.

Nadie puede vivir ajeno a Internet si quiere mantenerse al día. Y no es por cuestión de modas o actividades pasajeras.

Internet se ha instalado en las vidas de la sociedad moderna y va a ir de la mano en el desarrollo de las comunidades internacionales.

Porque Internet no es sólo un sistema de comunicación. Es mucho más. Es un nuevo medio de comunicación multimedia que aúna el texto con el audio, la imagen y el vídeo. Es un instrumento que permite el acceso a cantidades ingentes de información en cuestión de segundos y que elimina las barreras del tiempo y el espacio. Pero es que, además, Internet es todo un modo de vida. Multitud de personas en todo el mundo no podrían llevar a cabo sus relaciones laborales o interpersonales sin tener Internet. Poco a poco, millones de usuarios han ido introduciendo Internet en sus domicilios, sustituyendo en sus horas de ocio a otros quehaceres como la televisión.

Descargas e intercambio de archivos, comunidades de foros, la revolución informativa de los *blogs*...

Todo pasa por Internet. El ciudadano moderno demanda información en cantidades indescriptibles. Los medios de comunicación tradicionales no cesan en su empeño de cubrir sus necesidades, pero no es suficiente. La posibilidad de participar en la comunicación de forma activa e interactiva ha calado hondo en el ser humano y la Red se está convirtiendo en un revolucionario medio de comunicación sin parangón.

Las grandes empresas de Internet están comenzando a apostar fuerte por los nuevos modelos de comunicación y gigantes cibernéticos como Google o Yahoo, que comienzan a mostrar sus espléndidos resultados económicos después de superar la crisis de los primeros años de las empresas "puntocom". Los inversores de todo el mundo están volviendo a valorar las enormes posibilidades económicas que ofrece la Red y cientos de miles de negocios buscan prosperar gracias a las posibilidades de Internet.

Ya compramos entradas de eventos por Internet, buscamos las vacaciones a través de empresas cibernéticas, comparamos precios y productos online, leemos opiniones de usuarios y consumidores de nuestros productos favoritos, localizamos todo lo que deseamos saber de nuestro destino, utilizamos los callejeros virtuales, localizamos a amigos del colegio y hasta podemos realizar recorridos aéreos por todas las ciudades del mundo sin salir de casa.

Además, por si todo esto fuera poco, Internet es un monstruo en desarrollo. Aunque parezca mentira y pese a la larga historia de Internet, aún nos queda muchísimo camino por andar. La evolución en las velocidades de conexión y los nuevos aparatos tecnológicos auguran un futuro más que prometedor a la Red. En pocos años, la mayor parte de nuestras gestiones y muchísimas actividades las realizaremos mediante dispositivos portátiles, como teléfonos móviles u ordenadores. Y hay que saberse mover como pez en el agua para no quedarse atrás.

Este manual tiene como objetivo servir de guía y orientación para el navegante novel. Porque Internet es mucho más sencilla de lo que mucha gente se cree. No hay que tener miedo a adentrarse en la Red. Estamos ante una ventana abierta al mundo de la información y hay que aprovecharla.

Lección 1

Introducción a Internet

¿Qué es Internet?

Este manual está destinado a todas aquellas personas que quieren dar sus primeros pasos en Internet, de manera que todo el que esté interesado en estas líneas, ya ha tenido un primer contacto con la Red y lo que desea es ampliar sus conocimientos.

Y es que, en los tiempos que corren, pocas son las personas de las sociedades modernas que no han utilizado cualquier servicio que ofrece Internet en algún momento de su vida. Porque Internet es el presente y el futuro.

Más allá de definiciones técnicas, podríamos definir Internet como un nuevo medio de comunicación multimedia sin precedentes, que permite el acceso a multitud de información salvando las barreras de la distancia y el tiempo.

Sin embargo, existe una definición ampliamente significativa: la red de redes.

Pero, ¿qué es una red? Una red es un conjunto de ordenadores conectados entre sí que pueden intercambiar información. Luego Internet lo es.

Y, ¿por qué es la red de redes? Siguiendo con la lógica, la magnitud, la extensión, la utilidad y la cantidad ingente de información que contiene Internet, la convierten, sin duda alguna, en una auténtica red mundial de redes.

La palabra Internet procede del término anglosajón "*Internetwork system*", que en castellano se podría traducir como "sistema de intercomunicación de redes".

Los actores fundamentales:

Si consideramos como actores los elementos fundamentales que necesita el proceso para llevarse a cabo, se puede decir que existen tres sujetos imprescindibles y totalmente necesarios:

- Ordenadores.
- Usuarios.
- Acceso a la Red (línea telefónica, satélite, etc.).

Historia de Internet

En el mundo

Aunque la mayor parte de los usuarios de Internet hayan conocido este avance en la última década y la generalización de este fenómeno se haya producido a partir de los años 90, lo cierto es que la Red no es, ni mucho menos, un invento del siglo XXI.

Corría la mitad del siglo XX cuando Estados Unidos y Rusia peleaban por conseguir la hegemonía mundial en un peculiar conflicto más allá de la presencia física conocido como Guerra Fría. La carrera armamentística y nuclear, así como la espacial, se encontraban en pleno apogeo y norteamericanos y rusos luchaban políticamente por ser los primeros.

La bonanza económica que tenían los dos grandes dominadores mundiales tras haber superado la crisis del 29 permitía que los gobiernos se gastaran cifras espectaculares en investigación, desarrollo o búsqueda de nuevas tecnologías, con el principal fin de adelantarse a su enemigo.

El gobierno americano, temeroso de un hipotético ataque nuclear, comenzó a investigar para encontrar un instrumento que fuera capaz de permitir la comunicación interna entre los altos mandos en caso de que se produjera dicho ataque. Necesitaban una red que fuera capaz de intercomunicar lugares, ciudades o estados, pero que fuera segura. Hasta entonces, cualquier sistema de comunicación conocido dependía exclusivamente de un nodo central que controlaba el proceso entero y que figuraría, obviamente, en el punto de mira de cualquier posible ataque, ya que, eliminando el núcleo central, se acabaría con el proceso comunicativo.

Así pues, las investigaciones estaban centradas en hacer funcionar una red descentralizada y extremadamente fuerte para que funcionara en el peor de los casos imaginables.

Finalmente, la década de los 60 vio nacer un proyecto que desarrollaba todo lo comentado y que en 1969 alcanzaría su forma definitiva. La ARPA (Agencia de Proyectos de Investigación Avanzados), institución encargada del desarrollo de tal concepto, decidió apostar fuerte por un proyecto denominado ARPANET que, inesperadamente, se convertiría décadas después en uno de los principales motores de la sociedad.

ARPANET era una gran red que conectaba cuatro grandes ordenadores (nodos) situados en sitios muy distantes entre sí y que se intercomunicaban a través de una línea de alta velocidad de transmisión de datos. En 1971, ya eran once los nodos que conformaban la red y un año después superaban la treintena. Esa peculiar red servía para transmitir conocimientos y avances a larga distancia y a una velocidad antaño desconocida, pero también servía para mantener comunicaciones personales o establecer relaciones. Los usuarios, unos pocos privilegiados entonces, comenzaron a darse cuenta de las grandes ventajas que ese invento tenía para la comunicación interpersonal.

Así, en 1971 nace el primer programa de correo electrónico y, poco después, se crea un primer protocolo para la transferencia de archivos que sembró las semillas que, posteriormente, harían crecer Internet.

Pero fue en 1974 cuando Vinton Cerf y Bob Khan publican el artículo "Protocolo para Intercomunicación de Redes por paquetes" y establecen las bases del Protocolo de Control de Transmisión (TCP), que será analizado más tarde y es la piedra angular de la red que hoy conocemos.

Gracias a ese nuevo avance, varias redes se pueden comunicar entre sí, conformando el verdadero y complejo sistema de red de redes que comienza a denominarse Internet.

En 1981 se completa la definición de TCP/IP (Protocolo de Control de Transmisiones/Protocolo de Internet) y en 1983 se produce el gran acontecimiento que permite, a la larga, que cualquier usuario del mundo pueda utilizar la red, al separarse ARPANET de los fines militares.

ARPANET mantendría su presencia hasta los años 90, dominados por una gran incertidumbre al producirse la primera gran saturación de la red. Sin embargo, cuando los peores presagios planeaban sobre Internet, varios investigadores desarrollaron la World Wide Web (WWW), una nueva manera de interactuar y de compartir datos de forma más eficaz, más rápida e incluso más atractiva visualmente.

Después, en 1993, Marc Andreessen escribió el código fuente del programa Mosaic, el primer navegador adaptado para la World Wide Web que mostraba una nueva forma de poder interactuar con textos y gráficos al mismo tiempo. Andreessen crearía más tarde el conocido Netscape Navigator.

Ya en 1995, el gobierno estadounidense retira su intervención total sobre Internet, que se convierte por primera vez en un medio de comunicación libre.

Tras ese importante paso, la red sufre un paulatino proceso de generalización mundial llegando poco a poco a todos los hogares del mundo.

En España

En España, el aislamiento político que dominó en nuestro país hasta la década de los 80, unido al carácter militar primero y al control político después, no permitió que Internet llegara a ser una realidad hasta 1985. Las Universidades y las más altas instancias tecnológicas fueron los primeros centros en los que se conoció el avance. El desarrollo de la World Wide Web y la liberación del control político estadounidense fueron los primeros pasos de lo que hoy es, sin duda, un fenómeno de masas que se encuentra en estos momentos en plena expansión y generalización.

Como ya hemos comentado, el punto de partida data de 1985 con el nacimiento del Programa IRIS (Proyecto de Interconexión de Recursos Informáticos) bajo la supervisión de FUNDESCO, con el principal objetivo de dar servicios telemáticos a la comunidad científica española.

Sin embargo, el verdadero punto de inflexión en el uso de Internet en España llegó en 1990, cuando FUNDESCO cambió el nombre del programa IRIS y pasó a denominarse RedIRIS (véase la figura 1.1).

Por primera vez, llegó a la Península la idea de una red que conectaba cuatro grandes centros en todo el territorio nacional: FUNDESCO, el Departamento de Ingeniería Telemática de la UPM (Universidad Politécnica de Madrid), el CIEMAT y el Centro de Informática Científica de Andalucía.

En 1991, la aparición de Goya, el primer proveedor nacional de acceso privado a la red, supone el espaldarazo definitivo.

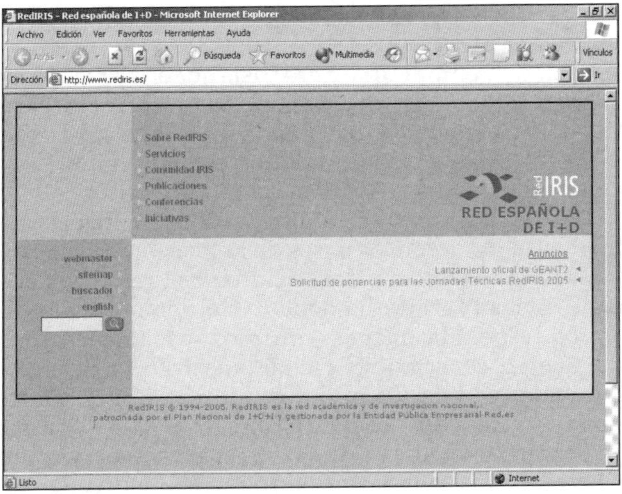

Figura 1.1. RedIRIS, un primer paso en España.

Poco a poco, Internet se va implantando en universidades y centros avanzados de enseñanza, permitiendo al público ir conociendo su utilidad y su existencia.

Así, en 1995 aparece Infovía, la primera red troncal de soporte de tráfico de Internet en España y la red despega verdaderamente en nuestro país.

Telefónica, que por aquel entonces era el único operador de servicios telefónicos en el país, lanzó este servicio, a través del cual centralizaba todos los accesos a la red a través de un único nodo, de un único número telefónico, el famoso 055.

Este progresivo proceso coincidió con la popularización de la informática y la llegada de los ordenadores personales a casi la totalidad de los hogares españoles. Por este motivo, dado el éxito que Internet comenzaba a tener en España, el elevado número de usuarios existente llegó a bloquear la primitiva red de Infovía y, posteriormente, la de su sucesor, Infovía Plus.

El sector necesitaba un cambio. Y vaya si lo sufrió. En muy poco tiempo, un sinfín de compañías ofrecían los servicios de acceso telefónico a Internet, aprovechándose de la especial legislación española, alquilando a muy bajo coste las redes de Telefónica y cobrando aparte la facturación del gasto. España se convirtió en el país del mundo (por encima incluso de Estados Unidos) con mayor número de compañías de este tipo, que veían en este nuevo *boom* una gran oportunidad de éxito financiero.

Todas estas empresas utilizaban las líneas de Telefónica para ofrecer sus servicios.

Este modelo empresarial duró hasta que en 1999 se produjo la primera revolución. Retevisión, hasta entonces parte y mitad de Telefónica, se independizó y comenzó a ofrecer servicios por separado que incluían el acceso gratuito a Internet (aunque las llamadas se seguían cobrando aparte).

Después, la propia Telefónica y otras compañías de la competencia siguieron los pasos de Retevisión. Sin embargo, el acceso a la red era aún demasiado caro y las conexiones a Internet estaban siempre limitadas por el tiempo, por lo que se realizaban esporádicamente y con miedo a mantenerse demasiado tiempo conectado y recibir una factura de teléfono desorbitada, ya que los minutos de conexión se contaban como si se tratara de llamadas locales.

Afortunadamente, la presión popular, potenciada por la fuerza realizada por las recién creadas asociaciones de internautas, así como por las de consumidores, facilitó la creación de una tarifa plana que permitiera el acceso limitado a la red a cambio de un módico precio mensual.

Las primeras tarifas de esta índole (que aún existen hoy en día) no ofrecían la posibilidad de conectarse durante todo el día (salvo los fines de semana), sino que estaban limitadas a conexiones a partir de las 18 horas los días laborables.

Sin lugar a dudas, este nuevo modelo de tarificación favoreció enormemente la popularidad de la red y, poco a poco, el número de usuarios se fue multiplicando.

Pero el gran *boom* de Internet en nuestro país llegó con el ADSL. Tuvimos que esperar al siglo XXI para que las compañías proveedoras de acceso a la red nos ofrecieran la posibilidad de navegar a través de la banda ancha con las líneas ADSL. Gracias a la multiplicación de la velocidad, Internet se ha convertido hoy en día en un medio de comunicación masivo imprescindible para muchos.

Aunque al principio se trataba de un producto al alcance de unos pocos privilegiados, poco a poco se ha ido abaratando, al tiempo que han ido naciendo soluciones de tarifa plana 24 horas a precios accesibles.

Así, en la actualidad, el ADSL es el sistema estándar de conexión a Internet en España, introduciéndonos de lleno en lo que se conoce como sociedad de la información.

En los últimos meses de 2004, Telefónica (y, consecuentemente, el resto de los proveedores) dobló la velocidad de las conexiones de forma gratuita y otras compañías, como Ya.com, reventaron el mercado al multiplicar de manera muy considerable la velocidad de acceso a Internet, al tiempo que mantenían los precios con las tarifas previas.

Con estas acciones de mercado, las compañías buscan hacer llegar a más gente sus productos al tiempo que el mercado tecnológico español se iguala al resto de los mercados europeos, donde los usuarios pueden disfrutar de mejores y más rápidas conexiones a precios aún más baratos que los que disfrutamos aquí.

Los proveedores de servicios de acceso a Internet están buscando en la actualidad que los internautas que aún navegan por la red a través de conexiones antiguas por medio de módems y de líneas convencionales se cambien a conexiones ADSL, mucho más rápidas y estables.

Por un precio cercano a los 20 euros se puede disfrutar en la actualidad de una conexión ADSL limitada en horarios y por un precio que oscila entre los 30 y los 40 euros (dependiendo de la velocidad) se puede navegar con ADSL con una tarifa plana.

La conexión por cable, a través del satélite o la red eléctrica se antojan como las conexiones de futuro, al tiempo que se estandariza el acceso inalámbrico a la red a través de router *wireless* que, en muchos casos, ya ofrecen de serie los propios proveedores.

Terminología

Uno de los elementos que mejor describen el grado de implantación de Internet en nuestra sociedad, es el progresivo nivel de adaptación que los términos utilizados en la red han ido alcanzando en nuestro lenguaje. Multitud de palabras extrañas y antaño desconocidas se han introducido en nuestro vocabulario de una forma apabullante. Es muy difícil encontrar otro ámbito fuera de las nuevas tecnologías en el que se haya producido tal nivel de adopción de nuevas palabras o términos.

Cualquier persona de la sociedad actual ha oído hablar de las páginas Web, del e-mail, del ADSL, del módem, del buscador... En muchas ocasiones, incluso utilizamos estos vocablos sin saber muy bien de lo que estamos hablando, pero se han convertido en algo tan cotidiano que no podemos desprendernos de ellos. Por este motivo, a continuación se van a definir aquellos términos más comunes e imprescindibles para conocer la verdadera naturaleza de Internet:

- **Red:** Como ya comentamos en las primeras líneas de este manual, en informática, una red es un conjunto de ordenadores conectados entre sí que pueden intercambiar información, ya sean datos o recursos.

    1. **LAN (*Local Area Network*)**: Es una red de área local; una red que intercomunica dos o más ordenadores dentro de un mismo espacio físico.
    2. **WAN (*Wide Area Network*)**: Es una red de área extensa; una red que intercomunica dos o más ordenadores que se encuentran alejados físicamente entre sí, bien sea en otro edificio, en otra ciudad o incluso en otro país.

- Internet: El término procede de la palabra inglesa "*Internetwork system*" y, como ya hemos dicho, se puede definir como red de redes. Una red global que intercomunica todos los ordenadores del mundo.
- Intranet: Es una subred dentro de Internet cuyo uso está restringido para un grupo cerrado de personas. Suele utilizarse en las grandes empresas para transmitirse información confidencial.
- Protocolo: Son las normas que hacen posible que un receptor y un emisor se intercambien el mismo mensaje. De hecho, es lo más parecido al lenguaje. Para que el mensaje que se transmite sea recibido por el receptor y la comunicación sea exitosa e inteligible, es totalmente imprescindible el uso de un protocolo. Un español y un chino pueden intentar transmitirse un mensaje el uno al otro, pero si cada uno lo hace en su propio idioma, no se entenderán. Necesitan un lenguaje que ambos conozcan, como puede ser el inglés. El protocolo en sí está compuesto por dos subprotocolos:

    1. **TCP**: El protocolo es el encargado de distribuir la información emitida, que viaja dividida en paquetes. Cada uno de estos paquetes viaja a través de puertas de acceso que interconectan distintas redes, pero todos ellos se tratan como una unidad independiente, por lo que pueden trazar diferentes rutas, a pesar de tener el mismo emisor y el mismo receptor. De esta manera, es necesario que exista un protocolo encargado de regir el orden de entrada de cada uno

de los paquetes para evitar errores, y ésa es la misión del TCP (*Transmission Control Protocol*).

2. **IP**: La traducción literal de este acrónimo es Protocolo de Internet. Sencillo. Obviamente, va relacionado con lo anteriormente explicado sobre un protocolo. Cada uno de los ordenadores conectados a la red recibe una dirección IP que lo identifica particularmente. Podemos decir, metafóricamente, que una dirección IP es el nombre de pila de cada una de nuestras computadoras. Cuando el emisor envía una información, lo hace "escribiendo" la dirección a la que va destinada. Esta información va viajando por la red hasta que encuentra el lugar al que va dirigida, una dirección IP.
   Las direcciones IP son códigos numéricos que sirven, por tanto, para identificar a cada uno de los componentes de una red.

- **Host**: Es todo aquel ordenador que está conectado a Internet y que tiene un número IP y por tanto un nombre asociado, luego es cualquier ordenador conectado a una red (que puede enviar y recibir información de otro).
- **Dominio**: Además de por el número IP, existe otra forma de identificar los ordenadores en Internet. La dificultad de memorizar unos números tan complejos como los IP llevó a los expertos a buscar otra manera de hacerlo. Si un número IP es la forma que tienen las máquinas de conocerse y diferenciarse entre ellas, un dominio es el nombre que nosotros ponemos a esas máquinas. En España, nos corresponde el dominio ".es". Para Reino Unido, por ejemplo, es ".uk". Además, existen otros dominios generales como ".com", ".net", etc.
- **DNS**: Son otras de las siglas que más aparecen dentro del vocabulario técnico de Internet. Su traducción literal viene a ser Servicio de Nombres de Dominio. Su papel es fundamental para que el ordenador entienda los nombres de dominio al escribir una dirección IP. Los DNS son unas enormes bases de datos que resultan imprescindibles hoy en día. Cualquier persona que tenga páginas Web (ya sea a nivel particular o empresarial) necesita, tras registrar su dominio, contratar el servicio DNS, ya que es esta operación la que enlaza el dominio registrado con la dirección IP real y permite a todas las partes acceder a dichas páginas.

- **WWW:** ***World Wide Web***, se podría traducir como "extensa telaraña mundial" y se trata de un sistema basado en hipertexto, que permite acceder al contenido de Internet a través de los navegadores.
- **Hipertexto**: Es un documento que combina textos, imágenes o elementos multimedia y que utiliza los denominados hiperenlaces o vínculos.
- **Hiperenlances**: Palabras subrayadas, imágenes o iconos a través de los cuales se enlaza con otros recursos de Internet.
- **Cliente/Servidor**: Esta pareja de términos es una manera de explicar la forma en la que se reparte la información entre todos los ordenadores conectados a una red. Así, se distingue entre las máquinas que tienen la información y las máquinas que la piden para recuperarla.

  1. **Un servidor**: Es un programa instalado en una máquina encendida las 24 horas del día (en teoría) que, junto con otros programas servidores, se limita a recibir peticiones de información.
  2. **Un cliente**: Es otro programa que necesita conectarse a un programa servidor del mismo tipo al que le pide información. Ésta será devuelta o no dependiendo de algunos factores.

- **URL (*Uniform Resource Locator*)**: Es una dirección en Internet compuesta por una línea de texto compacta (sin espacios), que nos permite localizar cualquier tipo de recursos (ficheros, conexiones, dispositivos, etc.) en cualquier ordenador de Internet (véase la figura 1.2). Básicamente se utiliza sólo en los navegadores, aunque otros programas también lo pueden usar.

Figura 1.2. Un URL completo.

1. **http://**: Indica el tipo de subprotocolo que se está pidiendo al servidor, mediante el cual nos dará el recurso solicitado más adelante. Esto es importante, pues un mismo servidor en Internet puede ofrecer diferentes recursos con distintos servicios (programas servidores) y sus correspondientes protocolos.

> *En un navegador, si se escribe un URL sin indicar el servicio, será el programa quien ponga por defecto el protocolo Web, o sea, http.*

2. **www.xxxx.com**: Es la dirección real de la máquina representada mediante el DNS. De esta manera, ya tenemos localizada la máquina que contiene el recurso que queremos conseguir. Es posible encontrar todavía direcciones IP en lugar del nombre del servidor, pero son muy escasas.

> *Normalmente, si sólo escribimos el dominio principal de la máquina (google.com), el navegador añadirá automáticamente el subdominio www por ser el estándar.*

- **E-mail o correo electrónico**: El correo electrónico se ha convertido en una de las formas de comunicación interpersonal más utilizadas del momento. El gran auge que está teniendo Internet en los últimos años se debe en gran parte a este fascinante servicio. Podemos distinguir entre el correo electrónico de tipo POP 3 (véase la figura 1.3) o el correo Web (véase la figura 1.4). Gracias al correo electrónico, cualquier persona puede mantener contacto con otro individuo eliminando la barrera del espacio con un simple ordenador y una conexión telefónica. En la actualidad, millones de correos electrónicos circulan por todo el mundo a diario, habiendo creado una nueva forma de entendimiento, incluso un lenguaje propio (paralelamente a la mensajería instantánea o a los mensajes SMS a través del teléfono móvil).
- **FTP**: Sus siglas en inglés se podrían traducir como Protocolo de Transferencia de Archivos. El gran problema que tiene el correo electrónico es el límite de su capacidad. Tanto en lo que se refiere a la capacidad de almacenaje (aunque en la actualidad, la batalla entre los proveedores que veremos más adelante ha solventado parcialmente este entuerto) como, sobre todo, al tamaño de los archivos enviados. Es decir, mediante un servicio convencional de correo electrónico, los mensajes (con o sin archivos adjuntos) no suelen permitir el

envío de más de dos o tres megas de información. Personalmente, la mayoría de la gente tiene suficiente con ese ancho de capacidad, pero en las empresas la cosa es bien distinta. Multitud de archivos de muy diversa índole (formatos, tamaños, etc.) han de ser transferidos de uno a otro lugar, por lo que es necesaria la utilización de otro sistema de envío de archivos. Mediante los servidores FTP, en su mayor parte privados, los usuarios autorizados pueden cargar y descargar todo tipo de archivos, independientemente de su tamaño, en mayor o menor tiempo según la velocidad de conexión a Internet.

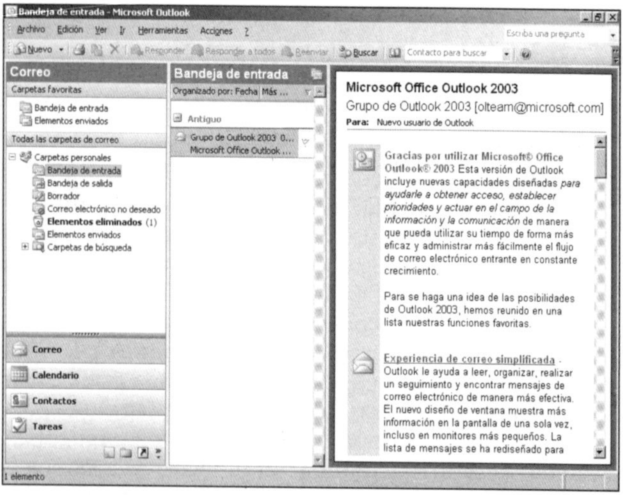

Figura 1.3. Programa de correo electrónico.

- **Chat**: Este servicio fue uno de los principales motores del desarrollo y expansión de Internet en países como España. La posibilidad de ofrecer comunicación entre varias personas al mismo tiempo, desde distintos lugares del mundo en tiempo real, resultó muy atractiva para los usuarios y los Chat se convirtieron rápidamente en un punto de encuentro para los jóvenes. Sin embargo, el paso del tiempo y el verdadero conocimiento de la red, así como la generalización de la mensajería instantánea o los foros, han ido dejando un poco de lado al Chat, si bien es cierto que todavía sigue siendo un servicio muy demandado.

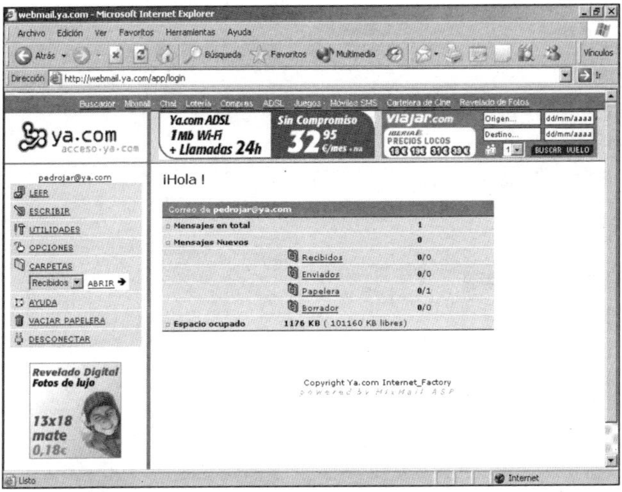

Figura 1.4. Página Web de correo electrónico.

Aproximación a las páginas Web

¿Qué es una página Web?

Una página Web es un documento fundamental para conocer Internet. Las páginas Web (véase la figura 1.5) son archivos creados mediante un lenguaje de programación denominado HTML y que permiten, mediante texto, imágenes e hiperenlaces, acceder a numerosa información de todo tipo.

A través de una Web podemos buscar información, navegar por cualquier lugar o acceder a sitios específicos. Podemos decir que un sitio Web es a Internet lo que el papel es a un libro, un soporte básico para comprender y utilizar esta nueva herramienta y un elemento básico para el futuro de la comunicación y las relaciones interpersonales.

Existen tantos tipos de páginas Web como temas a tratar. Podemos navegar por sitios de información general, deportiva, económica, acceder a redes internas de empresas, enviar correos electrónicos, solicitar u ofrecer datos, conocer nuestros movimientos bancarios, buscar piso, hablar en foros, hacer turismo virtual...

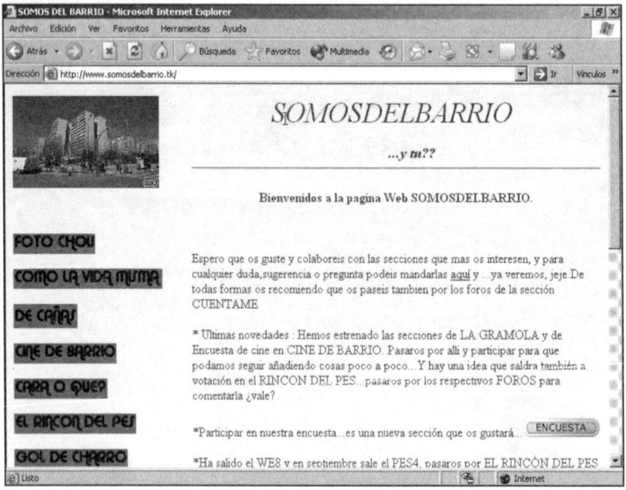

Figura 1.5. Página Web.

Elementos de una Web

- **Texto**: La palabra escrita es uno de los activos más importantes del lenguaje moderno. Sin embargo, el auge de la televisión y la radio, que potencian la comunicación oral y visual, habían relegado a un segundo plano la escritura. Periódicos que pierden lectores, editoriales que quiebran por el menor número de ventas de libros, etc. Afortunadamente, el texto es un protagonista fundamental en la red y la mayoría de las páginas Web se apoyan en la palabra. Millones de palabras en todo tipo de idiomas pueblan Internet de millones de letras que mantienen la escritura como un valor fundamental de las sociedades modernas.
- **Imágenes**: Dicen que una imagen vale más que mil palabras. Lo cierto es que, en muchas ocasiones, una imagen acompañando a un texto clarifica muchas cosas. Por eso, la posibilidad de mezclar el lenguaje visual con el escrito es un valor tan importante en Internet. Gracias a las imágenes, la red se ha convertido en un incipiente medio de comunicación.

  Pero las imágenes digitales necesitan un tratamiento especial. La forma en la que se almacenan informáticamente recibe el nombre de formato. Según la compresión que se haya realizado y, por tanto, según su calidad o tamaño, existen varios formatos de imágenes. Los más utilizados en Internet son los siguientes:

1. **JPG**: Es, sin duda, el más utilizado en Internet. La mayor parte de las imágenes que circulan por la red están comprimidas en este formato. La razón es simple: mantiene la imagen con un alto grado de compresión directamente proporcional a su calidad, de manera que una imagen bien comprimida puede ocupar poco espacio y al mismo tiempo ofrecer una buena calidad de resolución, por eso se utiliza normalmente para fotografías.
2. **GIF**: Este formato también es muy utilizado en la red. En este caso, la imagen también se comprime, pero de una manera fija, no variable y sin alterar la calidad de imagen del original. El problema que tienen las imágenes en este formato es su elevado tamaño. Por este motivo, se suele utilizar para imágenes fijas, pequeñas y con pocos colores. Se suelen utilizar como elementos decorativos que otorguen un carácter propio y personal, una especie de seña de identidad.
3. **Imágenes animadas**: Gracias a los avances tecnológicos, las imágenes en Internet pueden estar animadas. Se trata de varias imágenes consecutivas que se muestran de una forma muy rápida al más puro estilo de los dibujos animados, convirtiendo así un grupo de imágenes estáticas en una serie gráfica animada.

- **Sonido**: La posibilidad de añadir sonido a la navegación por la red es una de las razones por la que resulta tan interesante Internet. El mundo multimedia está a la orden del día y la integración del texto, la imagen y el sonido en un mismo soporte es uno de los grandes valores de Internet. Si en las imágenes se utilizaban diversos formatos para almacenarlas digitalmente, en el sonido ocurre lo mismo. El Mp3 es, sin duda, el formato estándar.
- **Vídeo**: Obviamente, el vídeo es un conjunto de imágenes en movimiento. Si el problema que tienen las imágenes a la hora de ser transmitidas en Internet es su tamaño, con el vídeo nos pasa más de lo mismo. Por eso, los archivos de vídeo han tardado más tiempo en hacer-

se un hueco en las páginas Web. De hecho, salvo por motivos publicitarios, es complicado ver vídeos directamente en las páginas; suelen aparecer en una dirección aparte, a través de un link, ya que requieren una descarga más lenta. La compresión en Divx ha supuesto una gran revolución, similar a la del Mp3 en los archivos musicales.

- **Animaciones *Flash***: Son uno de los elementos más novedosos y que más se están utilizando en Internet. Sus posibilidades son tan altas y tan variadas que resulta difícil definirlos exhaustivamente. Se pueden resumir como un compendio de animaciones de una gran calidad que pueden guardarse ocupando un espacio mínimo. Suelen ser interactivas, de manera que responden al paso del ratón por encima de ellas. Son muy habituales los juegos realizados en Flash, las presentaciones o, cada vez más, la publicidad. La empresa Macromedia es la propietaria del software que se ha convertido en uno de los programas más utilizados por los programadores.
- **Marcos**: También llamados *frames*, son secciones de la ventana donde vemos el sitio Web. Cada una de ellas es independiente y tiene su propia barra de desplazamiento y su propio documento HTML. Se inventaron básicamente para poder hacer menús en las páginas que no se movieran con el resto del contenido, o para que, cuando seleccionásemos alguna opción, su página de destino apareciese en el marco principal de la ventana. Así, tendríamos uno o varios marcos para el menú y otro u otros para el contenido.

En la práctica, son muchos más los conceptos interesantes que existen dentro del campo semántico que se maneja en la red, pero esta guía no pretende perderse en tecnicismos incomprensibles para los usuarios noveles. Por eso, en este pequeño y resumido glosario hemos tratado de aproximarles un poquito más a aquellas palabras imprescindibles para que se puedan desenvolver como pez en el agua o como navegante en la red.

Lección 2

Acceso a Internet

Evolución en las conexiones

El aumento en la velocidad de conexión a Internet que hemos vivido en los últimos tiempos ha contribuido enormemente a la generalización del uso de la Red en los domicilios.

Cuando Internet apareció en España, el elevado coste de la conexión y la poca velocidad de las líneas de acceso no daban pie a que los ciudadanos se vieran atraídos enormemente por sus servicios. De hecho, hasta que no se consiguió mejorar en ambos aspectos, Internet parecía un "invento" para los ricos o los caprichosos de la tecnología, algo creado para privilegiados y para ser aprovechado a nivel profesional o laboral.

Las primeras conexiones que se realizaron en nuestro país se hacían a través de un módem de muy poca velocidad de acceso. Las páginas Web cargaban de forma lenta y tediosa y las descargas eran inviables siempre que no se tratara de documentos de poco tamaño.

Poco a poco, los módem se fueron mejorando y la conexión de 56 Kb/seg se estandarizó como la más común en nuestro país hasta la llegada del ADSL. Sin embargo, el alto coste de las llamadas echaba para atrás a numerosos consumidores, temerosos de recibir facturas elevadísimas por uso indebido o inadecuado de la Red. Por eso, la presión popular y de las primeras asociaciones de internautas, hicieron posible dar un paso de gigante en el sector al conseguir el nacimiento de la tarifa plana, una modalidad de conexión que permitía el acceso ilimitado a Internet por el pago de un módico precio mensual a modo de cuota.

Entre medias, las líneas de RDSI apenas fueron utilizadas por particulares, ya que los proveedores se dedicaron, casi en exclusiva, a ofrecer estos servicios a empresas gracias a la posibilidad de ser utilizadas en centralitas y separando voz y datos.

Pero el ADSL llegó y el *boom* de Internet comenzó a gestarse. En los primeros momentos, este tipo de conexiones, que multiplicaban por cuatro las hasta ahora conocidas, eran excesivamente caras y fueron muy pocos los que se podían permitir su contratación. Sin embargo, la presión popular y la liberación del sector favorecieron la bajada de precios. Poco a poco, las tarifas planas también se fueron abaratando y el público comenzó a responder dándose de alta de forma masiva.

En el último año, la evolución de los precios de las conexiones de ADSL ha sufrido un cambio brutal. Las compañías encargadas de facilitar el acceso se han visto inmersas en una fuerte batalla competitiva y el gran beneficiario ha sido el cliente. Aunque aún seguimos lejos de los precios y las velocidades ofrecidas en otros países europeos, lo cierto es que, hoy en día, contratar ADSL con tarifa plana con cualquier compañía resulta muy económico y se puede decir que está al alcance de la mano de la mayor parte de los hogares, teniendo en cuenta la gran ventaja que supone contar con este servicio.

En las últimas fechas, los proveedores de Internet se han volcado en ofrecer servicios conjuntos de acceso a la Red con tarifa plana de llamadas, por lo que se está viviendo otra nueva revolución en la manera de comprender el servicio de llamadas telefónicas, especialmente las locales.

Modalidades de conexión

- **RTC (Red Telefónica Conmutada)**: Es la conexión telefónica más básica a través de un módem (interno o externo). El sistema es muy simple: un módem se conecta a un ordenador y, al mismo tiempo, a la red telefónica. Es el modelo más simple y el que conocieron en España los primeros usuarios de Internet. En la actualidad se puede decir que está cayendo en desuso, ya que está siendo sustituido por el uso de accesos a través de líneas ADSL. De hecho, la mayor parte de las compañías proveedoras realizan grandes ofertas promocionales para conseguir el paso de los usuarios de la conexión convencional a las más rápidas y modernas.

- **RDSI**: La Red Digital de Servicios Integrados es una modalidad de conexión que apenas ha tenido éxito en España. Sobre todo a nivel individual, ya que muchas empresas sí contrataron sus servicios. El principal problema que tiene esta modalidad de acceso a Internet es que no permite la transmisión de voz a través de sus líneas. Es, simplemente, para la transmisión de datos, y necesita la instalación de un cajetín especial. Fue una buena solución para las empresas cuando aún el ADSL estaba empezando a conocerse en nuestro país por el ratio entre velocidad y precio que presentaba. La conexión se realiza, por tanto, mediante un módem específico RDSI conectado a un cajetín especial que reparte los datos a un cableado digital exclusivo para estos servicios.
- **ADSL**: Es, sin lugar a dudas, la conexión a Internet más popular del momento. En España, su despegue fue lento debido a los elevados precios que tenía en sus comienzos, aunque con el paso del tiempo las compañías han ido apostando fuerte y, hoy en día, la mayoría de las nuevas conexiones a la red que se realizan en España se hacen contratando una línea ADSL.

  La gran ventaja de esta modalidad es la comodidad que ofrece a todas las partes. Las líneas ADSL funcionan a través de las líneas telefónicas convencionales, por lo que la misma instalación original de la mayor parte de los hogares y empresas españolas puede contratar sus servicios sin necesidad de realizar una compleja instalación, al tiempo que puede ofrecer altísimas velocidades de conexión de banda ancha.

  El problema que impedía la generalización de este modelo de acceso a Internet era que mientras que en los hogares no era necesaria la adaptación a esta nueva tecnología, en las centralitas telefónicas era imprescindible realizar un cambio generacional total que permitiera su compatibilidad, por lo que este proceso, muy costoso para los proveedores, retrasó su implantación. Sin embargo, el auge que ha tenido Internet en estos últimos años ha terminado de convencer a todas las empresas, que han decidido apostar fuerte por el ADSL, como recientemente han anunciado Telefónica y Auna, dos de las grandes compañías españolas líderes en este mercado, asegurando una importante inversión en el sector para 2005.

El ADSL que, como ya hemos dicho, al principio era casi inalcanzable para los bolsillos domésticos, ha vivido un interesante proceso de abaratamiento directamente proporcional al número de usuarios interesados en contratarlo. Además, se ha eliminado un paso en la instalación ya que, en un primer momento, técnicos de Telefónica tenían que acudir, casa por casa, para instalar un splitter (filtro especial para separar las transmisiones de voz y datos), mientras que, a día de hoy, el ADSL se puede vender en paquetes autoinstalables que, con solo seguir unos sencillos pasos, permiten el uso de las líneas tras contratar los servicios oportunos y sin que sea necesaria la visita de un especialista.

En el último año, la guerra de precios entre los proveedores ha favorecido enormemente al usuario, que ha visto cómo se ha hecho muy accesible la contratación de una línea de alta velocidad de navegación por la red. Así, se ha pasado de la velocidad de 256 Kb/s, la más utilizada hasta la fecha, a la de 512 Kb/s, e incluso en muchos hogares se dispone ya de líneas de 1 ó 2 Mb/s al mismo precio que costaba la línea básica pocos meses atrás.

De hecho, a la hora del cierre de este manual, se espera un nuevo aumento en las velocidades de conexión, por lo que navegar con 1 Mb/s será lo más cotidiano en el futuro más próximo.

Para conectarse a Internet mediante una línea ADSL, es necesario tener un módem o un router específico capaz de soportar esta modalidad. En la actualidad, la mayoría de los proveedores ofrecen gratuitamente en sus ofertas este dispositivo.

A la hora de contratar una línea ADSL, siempre que se pueda elegir, es recomendable solicitar un router en lugar de un módem. Los routers, entre otras ventajas, permiten la conexión en red de varios ordenadores, lo que puede llegar a ser muy útil, ya sea para soluciones de intercambio de datos o, incluso, para poder disfrutar de videojuegos en red.

Otra de las grandes novedades del acceso a Internet son las conexiones inalámbricas, que veremos más adelante. En estos momentos, varios proveedores de Internet ofrecen gratuitamente un router inalámbrico o *wireless* que permite esta solución. Gracias a este modelo, un usuario particular puede tener en su domicilio un acceso a Internet de alta velocidad compartido por varios ordenadores simultáneamente, sin necesidad de tener un complejo cableado por toda la casa, siendo especialmente útil para conectar un portátil y un ordenador personal de forma independiente.

- **Cable**: Es otra de las conexiones de alta velocidad más comunes en nuestro país. Este servicio lo prestan en España, generalmente, la empresa Auna y sus distintas filiales. Se trata de un acceso a Internet a través de las líneas de cableado de fibra óptica que, habitualmente, van unidas a la oferta de televisión y teléfono. Son completamente independientes de las conexiones telefónicas habituales y, por tanto, de las líneas de Telefónica. Ofrecen conexiones de alta velocidad, muy similares a las proporcionadas por el ADSL, aunque no coinciden por pequeños números. En estos momentos, las líneas de 600 Kb/s son las más demandadas, al haber doblado su velocidad gratuitamente al mismo tiempo que lo hicieron las empresas de la competencia sobre las líneas ADSL.

  Se trata de una conexión de muy buena calidad que permite una conexión a Internet tan buena como la del ADSL. El único problema que tiene es el de la disponibilidad. La necesidad intrínseca de utilizar una instalación propia para su funcionamiento hace que muchos hogares y empresas no puedan disfrutar de sus servicios.
- **Vía satélite**: Es uno de los medios más novedosos del mercado. En España apenas existen conexiones de este tipo, ya que hasta el momento resultaban muy caras. Para poder conectarse a la red a través del satélite, es imprescindible que existan tarjetas de datos de recepción vía satélite.
- **Red eléctrica**: Esta modalidad de conexión está aún por desarrollarse en España. Se trata de un novedoso sistema que proporciona el acceso a la red mediante la red eléctrica, sin necesidad de utilizar la línea telefónica o el cable. Empresas como Iberdrola ya están ofreciendo estos servicios, aunque en estos momentos se encuentran dando los primeros pasos.

Principales proveedores

Si aún no se dispone de conexión a la Red o si todavía se mantiene un enganche a través de módem clásico y no de ADSL, lo más recomendable es contratar una de las numerosas ofertas existentes. Desde hace aproximadamente un año, las principales compañías se han visto inmersas en una interesante guerra de precios con el fin de atraer al mayor número de usuarios posibles a sus redes. Y eso, sin duda, ha beneficiado al usuario.

> *Es más que recomendable acceder a todas y cada una de las páginas de los distintos proveedores que enumeramos a continuación e informarse de todas las opciones y ofertas existentes antes de contratar cualquiera de ellas.*

Los proveedores más importantes en España son los siguientes:

- **Telefónica** (véase la figura 2.1).
- **Wanadoo** (véase la figura 2.2).

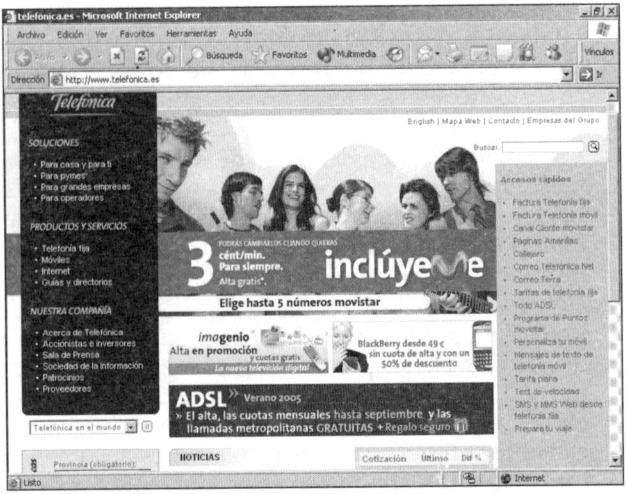

Figura 2.1. Página Web de Telefónica.

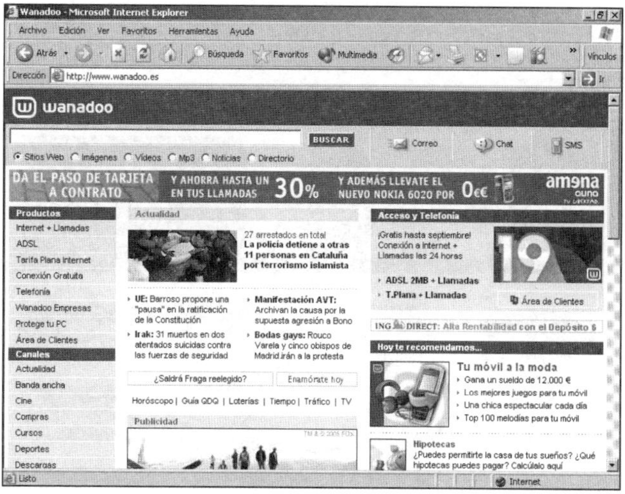

Figura 2.2. Página Web de Wanadoo.

- **Ya.com** (véase la figura 2.3).

Figura 2.3. Página Web de Ya.com.

- **Auna** (véase la figura 2.4).
- **Tiscali** (véase la figura 2.5).
- **Arrakis** (véase la figura 2.6).

Figura 2.4. Página Web de Auna.

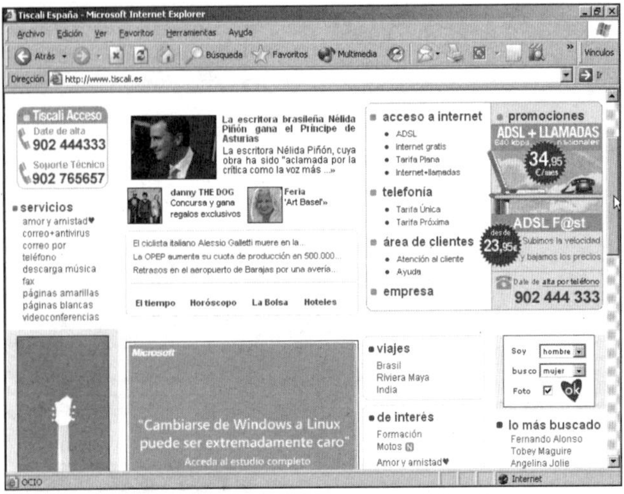

Figura 2.5. Página Web de Tiscali.

Las conexiones inalámbricas

¿Qué es una red inalámbrica o wireless?

Como todo el mundo sabe, los constantes avances tecnológicos convierten el mundo de la informática y las comunicaciones en un continuo proceso de renovación imparable. Internet se ha convertido en un elemento fundamental a nivel profesional y, debido al constante movimiento de los trabajadores en la sociedad globalizada, eso ha provocado que cada vez se tienda más a ofrecer servicios de acceso a la Red inalámbricos o *wireless*. Éstos permiten al usuario utilizar Internet desde cualquier lugar, siempre que exista la tecnología apropiada, mediante un ordenador portátil, una PDA o un teléfono móvil.

A continuación, vamos a realizar una aproximación a los tipos de redes inalámbricas existentes.

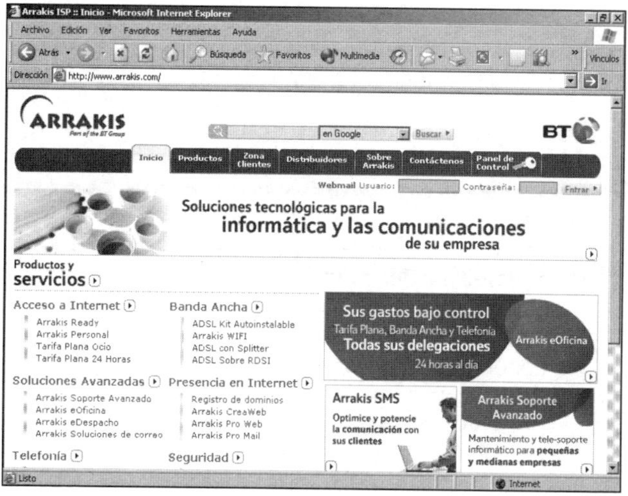

Figura 2.6. Página Web de Arrakis.

Tipos de redes inalámbricas

Redes WLAN (Wireless Local Area Network)

Como su propio nombre indica, se trata de una red en la que una serie de dispositivos se comunican entre sí en zonas geográficas limitadas sin necesidad de utilizar cables.

Sin embargo, queda claro su principal inconveniente, la limitación geográfica; tiene poco alcance.

De hecho, podemos decir que, aproximadamente, una WLAN (véase la figura 2.7) consigue un alcance máximo de 90m.

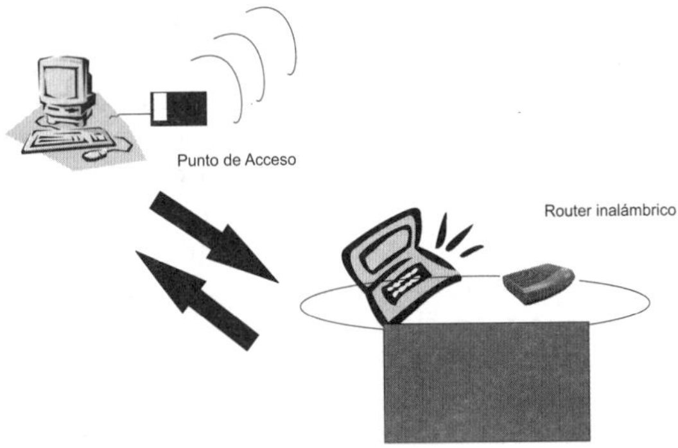

Figura 2.7. Una red WLAN sencilla.

Elementos fundamentales que configuran este tipo de redes:

- **Punto de acceso (AP)**: Se trata de un dispositivo de telecomunicaciones que funciona por radiofrecuencia y que conecta los distintos ordenadores que forman la red.
  Un punto de acceso es un pequeño dispositivo, de coste razonable, que tiene una pequeña antena que envía a los demás ordenadores los datos a través de las ondas del aire. Es la estación base de la red, ya que crea una área de cobertura a su alrededor, a través de la cual los usuarios se pueden conectar.
- **Dispositivos clientes**: Son los ordenadores que posee cada usuario, ya pueden ser PC convencionales, ordenadores portátiles, PDA, etc.

¿Para qué se usan?

Al igual que la mayor parte de los modernos accesos a la red, las redes WLAN nacieron en un principio con un único objetivo empresarial. La idea originaria era poder interconectar una subred WLAN con varios puntos de acceso a una red LAN cableada, para que fuera accesible desde cualquier punto de la empresa y así poder intercambiar recursos constantemente sin la necesidad de los molestos y costosos cableados.

Sin embargo, la sencillez del proceso y su abaratamiento han permitido que este tipo de tecnología tenga muchas más aplicaciones en los últimos tiempos, ya sea para uso residencial, corporativo, acceso público a Internet desde cafeterías o tiendas, desde universidades, centros culturales, etc.

WiFi

El término WiFi es un sinónimo del estándar IEEE 802.11b, que no es más que un protocolo de transmisión inalámbrica que logra alcanzar una abanico que va desde 2 Mbps hasta un máximo teórico de 11 Mbps. Este estándar o conjunto de normas fue creado por un grupo de fabricantes de dispositivos inalámbricos para mantener la compatibilidad entre sus productos. El IEEE es la institución que se encarga de regular y organizar todos los dispositivos electrónicos, mientras que el número que aparece después (802.11b), no es más que el "apellido" de cada norma.

¿Cómo funciona el WiFi?

Para el correcto funcionamiento de esta tecnología, es necesario que el usuario disponga de un acceso a Internet de banda ancha (por ejemplo, ADSL) y que instale en su ordenador un dispositivo WiFi. Todos los ordenadores que quieran estar interconectados deben tener instalada una tarjeta de red inalámbrica que, a su vez, pasará siempre por el dispositivo central. Los dispositivos WiFi también permiten la conexión a través del cable, mediante tarjetas Ethernet tradicionales.

A continuación vamos a explicar las ventajas y los inconvenientes que tiene una red WiFi.

1. **Ventajas**:
   - Ofrece acceso a Internet mediante banda ancha, por tanto con una velocidad muy alta.
   - Facilidad y rapidez en la instalación de los dispositivos necesarios para su funcionamiento.
   - Permite el acceso simultáneo de varios ordenadores a Internet además del intercambio de recursos entre ellos sin necesidad de cables.
   - Permite al usuario moverse sin problemas por la zona de cobertura, sin necesidad de verse obligado a mantener un punto fijo y estable para realizar sus conexiones a la red.
   - Introduce Internet en puntos de difícil acceso al cableado que podrían quedarse sin utilizar estos servicios debido a decisiones estratégicas y económicas de los operadores, al considerar que la inversión necesaria para hacer llegar la red a determinados lugares aislados o mal comunicados es superior a los beneficios posibles.

2. **Inconvenientes**:

- El usuario tiene que disponer de una tarjeta WiFi en cada uno de los ordenadores que va a utilizar para la red.
- Aunque la red tiene bastante cobertura, existe una limitación física que puede llegar a los 50 m en planta libre, o aumentarse hasta los 90 m con dispositivos especiales.
- La señal que va desde el dispositivo WiFi hasta los ordenadores debe llegar limpia, sin interferencias.
- El servicio no está disponible para todos los sistemas operativos o puede dar problemas con algunos (Linux, Windows 95, etc.).

WPAN (Wireless Personal Area Network)

Como su propio nombre indica, una WPAN (véase la figura 2.8) es una red inalámbrica de área personal. Pero, ¿qué es el área personal? El área personal agrupa una zona de cobertura de aproximadamente 10m a la redonda alrededor del usuario, esté donde esté.

Así pues, este tipo de redes se utiliza para todos aquellos dispositivos de última generación que permiten la comunicación portátil (teléfonos móviles, PDA, ordenadores portátiles, cámaras digitales, reproductores mp3, etc.).

Figura 2.8. Una red WPAN.

Para que el término quede más claro, podemos decir metafóricamente que una WPAN es una burbuja de 10 m a la redonda en la cual el usuario de cualquier tecnología portátil puede intercomunicar los distintos dispositivos entre sí, siendo conexiones totalmente ajenas a las infraestructuras del lugar, barrio, domicilio o zona donde se encuentre.

Como ya ocurriera en las WLAN, existe un organismo regulador que se encarga de confeccionar estándares que proporcionen seguridad y estabilidad a las WPAN, el IEES.

En este caso, el IEES se ha distribuido en varios grupos de trabajo, pero el estándar prioritario es el 802.15.

Dentro de las WPAN, un término sobresale por encima de los demás: *Bluetooth*.

Bluetooth

Es una tecnología inalámbrica por radio para redes de bajo coste y a través de un único chip.

Esta tecnología pretende poner en comunicación todos estos dispositivos portátiles, de manera que sea posible enviar una fotografía de una cámara digital a un móvil sin necesidad de cables, imprimir un documento sin conectar mediante cables la impresora al ordenador, o pasar una canción mp3 de un portátil a un reproductor de bolsillo sin tener que unirlos mediante un conector USB. Hoy en día, cualquier usuario de telefonía móvil estará ya familiarizado con esta tecnología, ya que es una de las grandes propuestas de la mayor parte de fabricantes de terminales. Sus posibilidades son inagotables y será una de las grandes sorpresas de los próximos años.

Historia

El origen de la expresión *Bluetooth*, que significa "diente azul", se encuentra en un rey vikingo conocido por ese sobrenombre que se hizo famoso por su facilidad de comunicación y por iniciar la cristianización de las comunidades vikingas.

La primera compañía que comenzó a desarrollar esta tecnología fue Ericsson, en 1994. Por entonces, ya existía una tecnología que permitía este tipo de conexión, los infrarrojos, pero sus problemas con el ancho de banda no permitieron su despegue y estandarización como estaba previsto.

La compañía de telefonía europea fue la pionera en utilizar una tecnología a través de la frecuencia de la radio para intercomunicar dispositivos sin necesidad de cables y con bajo coste, que permitía así su estandarización.

Pero para que esa generalización se llevara a cabo, era fundamental que varias compañías se pusieran de acuerdo y generaran unos estándares que evitasen la ramificación de la tecnología, como ocurrió en su día, por ejemplo, con los formatos de vídeo VHS y BETA.

Así pues, desde 1997, Ericsson estableció contactos con Nokia, IBM, Toshiba e Intel y crearon SIG (*Bluetooth Special Interest Group*). Poco a poco, este nuevo proyecto tecnológico resultó muy interesante para el resto de compañías punteras y 3Com, Compaq, Dell, Motorola o Lucent Technologies no tardaron en formar parte del SIG. Poco a poco, el *Bluetooth* va formando parte de nuestras vidas. Son muchos los aparatos tecnológicos cuya empresa los anuncia con la coletilla de "y con *Bluetooth*", ya que en pocos años esta tecnología será muy utilizada debido a su magnífica utilidad. Los teléfonos móviles y los ordenadores portátiles son los dispositivos que más rápido están apostando por esta tecnología. Además, la demanda de potencia de este avance es mínima, de manera que el gasto de baterías de los dispositivos *Bluetooth* puede llegar a ser un 97 por 100 inferior al que tiene un teléfono móvil.

Las aplicaciones de esta tecnología son de lo más variadas: escritorio inalámbrico, teléfonos multiuso, manos libres, sincronización paralela de varios aparatos, domótica (casas modernas con electrodomésticos "inteligentes") o como medio de pago.

Problemas de seguridad

Como en la mayor parte de los productos informáticos, la seguridad es uno de los problemas que más preocupan a los usuarios de la tecnología. De la misma manera que los virus afectan a los ordenadores transmitiéndose a través de Internet, o el spam satura las cuentas de correo electrónico de los usuarios, a través del *Bluetooth*, los hackers también han encontrado sus vulnerabilidades y han ocasionado ciertos problemas explotando estos fallos en la configuración y programación del sistema. Los aparatos más sensibles a los ataques son los teléfonos móviles y las PDA.

Podemos diferenciar dos tipos de prácticas comunes entre los piratas:

- ***Bluejacking***: Consiste en enviar mensajes de texto no solicitados que no suponen gasto alguno para quien realiza el envío. Para realizar la acción, es necesario que el autor tenga un teléfono móvil con esta tecnología y

que se encuentre en un lugar público donde este tipo de redes esté habilitado (ciertas cafeterías, aeropuertos, etc.). En verdad, el pirata no está mandando un mensaje al otro teléfono, sino que su aparato, al estar dentro de una red *Bluetooth*, detecta otros dispositivos como el suyo, los localiza y los añade a su lista de contactos, poniendo el texto del mensaje en cuestión en lugar del nombre de la persona en la agenda. Así, la víctima recibirá ese mensaje, como si fuera un contacto. Normalmente, este tipo de acciones suele utilizarse como broma entre amigos y como situación divertida, ya que no generan ningún tipo de daño en el software, pero pueden resultar molestos, o incluso pueden generar miedo en ciertas personas, ya que es muy frecuente que los mensajes sean del tipo "Me gusta tu corbata a rayas", o "Ese plato de paella tiene muy buena pinta".
Sin embargo, sí existe una posibilidad de que el *bluejacking* sea peligroso. Si el creador del ataque es malicioso, puede generar un mensaje que invite a la víctima a aceptar una sincronización con él, por lo que todos los datos del móvil estarían a la vista del pirata y peligraría la información. Estos mensajes pueden ser del tipo "Ha ganado un viaje a Canarias. Acepte este mensaje y recibirá la información completa".
- ***Bluesnarf***: Este tipo de práctica sí resulta mucho más peligrosa que la anterior. Mientras que en el caso anterior el atacante necesitaba la interacción del usuario para acceder a todos los datos, con esta clase de acciones un maleante puede entrar en el sistema a través de un software concreto sin dejar ningún tipo de notificación de aviso, por lo que la víctima no se enteraría de esta intrusión. Este tipo de prácticas sólo era posible en dispositivos de telefonía móvil de primera generación de *Bluetooth*, pero en la actualidad no se da, ya que se aprovechaba de una vulnerabilidad ya corregida.

WWAN (Wireless Wide Area Network)

Son redes inalámbricas de alto alcance a través de telefonía móvil a una distancia máxima de 30 km.

Utilizan altas torres de antenas que se suelen situar en lugares elevados y que transmiten ondas de radio o utilizan energía de microondas para conectarse, a su vez, con otras redes de área local.

Estas antenas han generado mucha polémica en España porque están situadas en lugares cercanos a colegios sin conocerse sus hipotéticos peligros, o simplemente por resultar antiestéticas. Lo cierto es que muchas comunidades de vecinos han aceptado la instalación de estas antenas gigantes en la azotea de sus edificios a cambio de una más que interesante remuneración que siempre es bienvenida en las cuentas comunitarias.

Como ya hemos comentado, las nuevas tecnologías están totalmente arraigadas en la sociedad del siglo XXI. La telefonía móvil es uno de los fenómenos de masas más revolucionarios de todos los tiempos, aunque aún no nos hayamos dado cuenta. Los avances técnicos evolucionan a tal velocidad que nos llegan incluso a superar. El hombre moderno se ha acostumbrado ya a adaptarse a este ritmo vertiginoso de crecimiento de manera casi inconsciente.

Cuando los teléfonos móviles aparecieron, la mayor parte de los ciudadanos lo veíamos como un capricho, un juguete, algo sólo al alcance de los más pudientes. Sin embargo, el tiempo ha puesto todo en su lugar y el hombre no ha tenido más que adaptarse a esa revolución tecnológica tras asumir los enormes beneficios que otorga la posibilidad de tener un teléfono portátil en cualquier momento y en cualquier lugar. Tanta ha sido la demanda, que se ha convertido incluso en una necesidad y hay quien no consigue despegarse ya de su celular. Por este motivo, las empresas que participan en todo el proceso no han dejado de buscar nuevos avances que consigan mejorar aún más las prestaciones de estos dispositivos.

Así pues, los fabricantes no tardaron en darse cuenta de las ventajas que podría generar el ofrecer acceso a Internet desde el teléfono, en cualquier sitio y en cualquier momento. De esta manera, podemos distinguir tres tipos de redes WWAM, que han ido evolucionando con el tiempo y que todavía están por explotar: GSM, GPRS y UMTS.

GSM (Global System for Mobile Communications)

El sistema GSM es el primer exponente de la telefonía inalámbrica digital. En un comienzo, se ideó como un sistema exclusivamente europeo, pero debido a su característica comunitaria y no propietaria se extendió por todo el mundo de una forma rápida y total. Gracias a esto, GSM es el sistema de telefonía móvil más utilizado en todo el mundo.

Una de las grandes novedades que introdujo la tecnología GSM es el *roaming*, que es la posibilidad de utilizar todos los terminales en cualquier país europeo, independientemente del lugar en el que el teléfono esté dado de alta y de la compañía con la que se opere, ya que se establecieron una serie de acuerdos internacionales para facilitar estos servicios. Otro de los aspectos que se consiguió mejorar con respecto a la telefonía analógica es la seguridad. A partir de los teléfonos GSM, las conversaciones están protegidas con un alto grado de confidencialidad, mientras que antes con cualquier dispositivo avanzado de radio se podían escuchar las conversaciones.

GPRS (General Packet Radio Service)

El sistema GSM abrió el camino, pero aún faltaban por desarrollar todas las posibilidades que ofrecía. Cuando la telefonía móvil se generalizó a una velocidad trepidante y el aumento del tráfico de información se convirtió en espectacular, los servicios que ofrecía esta tecnología se quedaron cortos. No podían ofrecer aquello que la gente demandaba.

Por ese motivo, los ingenieros desarrollaron el GPRS. Según sus iniciales, son Servicios Generales de Paquetes por Radio. Lo que esta tecnología consigue es unificar el mundo de las IP con la telefonía móvil, creando una red paralela a GSM y dedicada exclusivamente a la transmisión de datos.

GPRS es un sistema compatible con GSM, de manera que un teléfono con la nueva tecnología seguirá aprovechándose de su antecesora cuando no necesite los nuevos avances, es decir, en las llamadas de voz. Sin embargo, para utilizar GPRS es necesario que el teléfono posea esta técnica. A través del GPRS, el usuario utiliza los servicios de datos: WAP, conexión a Internet, etc. Se pueden enumerar varias ventajas de GPRS con respecto a GSM:

- **Movilidad**: Con un terminal GPRS se puede acceder a Internet en cualquier lugar y en cualquier momento, sin necesidad de haber abierto una cuenta con operadores.
- **Velocidad**: La red GPRS permite la transmisión de datos hasta cuatro veces más rápido que mediante un teléfono GSM.
- **Compatibilidad**: Posibilidad de recibir llamadas telefónicas de voz o mensajes de texto al mismo tiempo que se está conectado a Internet.

Los teléfonos equipados con esta tecnología acercaron mucho más el mundo de Internet a los usuarios de telefonía, ya que verdaderamente permitían el acceso a la red prácticamente en su totalidad, con acceso a casi todos los recursos que ofrece. Así, desde un móvil GPRS se puede participar en un Chat, recibir imágenes de todo tipo, incluso en movimiento, e-mail, transferencia de archivos, descarga de tonos, etc.

UMTS (Universal Mobile Telecommunication System)

Esta tecnología, aún en desarrollo, es conocida como la tercera generación de la telefonía móvil y supondrá, cuando se generalice su uso, un grandísimo avance en cuanto a las tecnologías de comunicación inalámbrica, ya que podrá ofrecer unas posibilidades hace años impensables. Por este motivo, en los últimos tiempos se está empezando a denominar 3c.

Este tipo de sistemas permite una velocidad de transmisión de hasta 2 Mbps, facilitando así enormemente la transmisión de datos e información de todo tipo. Además, ofrece mucha más seguridad que sus predecesores, cobertura total a nivel mundial, alta resistencia a las interferencias, etc.

En la práctica, la principal novedad que permite el uso de telefonía UMTS es el aprovechamiento de los avances multimedia. Gracias a este sistema, las videoconferencias, entre otras cosas, son ya una realidad. El teléfono móvil se convertirá en un potente dispositivo con importantes capacidades de imagen y sonido.

La velocidad de transferencia de archivos es superior a la de RSDI o ADSL, por lo que en un dispositivo portátil se podrá disfrutar de servicios de todo tipo. Esta nueva generación de telefonía móvil, que es ya una realidad en países como Japón, está en pleno desarrollo en Europa y en España. Los desarrolladores de esta tecnología apuestan por una implantación completa a nivel mundial para el año 2010.

En la actualidad, España se encuentra de lleno en el proceso de aparición de las primeras ofertas y lanzamientos por parte de las compañías que poseen la licencia de explotación, si bien es cierto que aún sufren continuos retrasos.

A pesar de que dos de las cuatro grandes compañías que poseen la licencia, Movistar y Vodafone, ya han puesto en marcha los primeros servicios UMTS, no será, al menos, hasta dentro de dos años cuando esta tecnología sea totalmente accesible al usuario de a pie. En estos primeros pasos, las compañías se han decantado por ofrecer sus servicios exclusivamente a empresas, pero ni aún así parecen despegar.

Los primeros usuarios se quejan de la falta de tarjetas, de la escasez de terminales y de las pocas funciones que todavía permite realizar esta red. Mientras, Amena y Xfera, las otras dos compañías que obtuvieron la licencia, siguen esperando con la idea de lanzarse a la aventura cuando el mercado sea más propicio y todo el potencial que prometen sus defensores se pueda llevar a cabo.

Las ventajas que ofrecerá la tercera generación de telefonía móvil cuando esté a pleno rendimiento serán las siguientes:

- **Internet**: La posibilidad de conectarse a la red a través de un teléfono y aprovechar todos sus servicios será una realidad, ya que la conexión será hasta 200 veces mayor que la de un teléfono GSM y de más velocidad que un ADSL convencional, por lo que se dispondrá de un sistema de conexión portátil de altísima velocidad.
- **Movilidad**: Un terminal UMTS siempre estará conectado, de manera que, cuando la cobertura sea global, el usuario podrá estar en cualquier lugar y utilizar todos los servicios que ofrece esta tecnología. El cobro del uso de Internet se realizará según la cantidad de datos descargados o transferidos, en lugar de por el tiempo de conexión.
- **Contenidos**: Se podrá acceder a toda la información que ofrece Internet (datos, vídeos, música, videojuegos, videoconferencias, etc.).

WAP (Wireless Aplication Protocol)

Si situamos cronológicamente la aparición de WAP, este tipo de servicios comenzó a ser una realidad en España entre la generalización de la segunda generación de telefonía móvil (GSM) y la "2,5" (GPRS), por lo que es muy probable que se pueda llegar a confundir como si se tratara de otra evolución en la telefonía. Pues no es así. Como dicen sus propias siglas, WAP es un Protocolo de Aplicaciones Inalámbricas y, como tal, se puede usar con cualquiera de las tecnologías existentes.

Se puede decir que este sistema es un estándar reconocido por fabricantes, desarrolladores, operadores y creadores de contenidos para facilitar a los usuarios su acceso a Internet desde un teléfono móvil de la manera más sencilla, rápida y atractiva posible. Metafóricamente hablando, se puede decir (sin tomarlo al pie de la letra) que WAP es a los móviles lo que los navegadores son al Internet convencional.

Historia

Cuando surge la posibilidad de facilitar el acceso a Internet a través de la telefonía móvil, los programadores se encuentran con el grave problema de que este tipo de dispositivos no soportan HTML, lenguaje de programación básico en Internet y que ya veremos más adelante.

Por este motivo, los principales agentes de la expansión de la telefonía móvil veían la necesidad de crear un lenguaje que les permitiera su desarrollo en este tipo de soportes.

Es así como Ericsson, Nokia, Motorola y Unwired Planet forman, en 1997, el *Wap Forum*. Esta tecnología es libre, no pertenece a ninguna empresa en particular, garantizando así su uso generalizado y su escaso coste.

Así, poco a poco, el lenguaje WML fue el elegido y gracias a él los primeros terminales WAP comenzaron a ofrecer a los usuarios la posibilidad de visitar sus páginas favoritas de la red.

En la actualidad, el *Wap Forum* ha dejado de existir al consolidarse dentro de la OMA (*Open Mobile Alliance*).

WAP 2.0

Como suele pasar en el mundo de las telecomunicaciones, las primeras versiones no suelen ser las últimas. De hecho, en este caso en particular, las prisas y la necesidad por parte de las empresas de desarrollar un sistema que permitiera alcanzar sus objetivos en el menor tiempo posible, permitieron que la primera versión de WAP saliera al mercado cuando aún tenía multitud de aspectos mejorables y una alta cantidad de defectos.

Por este motivo, fue necesario el lanzamiento de WAP 2.0, desarrollado de nuevo por el *Wap Forum*.

Gracias a esta nueva evolución, numerosos estándares aplicables en Internet convencional podrían ser utilizados en estos nuevos sistemas inalámbricos, como TCP/IP y HTTP. Así, el lenguaje de programación utilizado pasaría a ser XHTML, proporcionando grandes avances a la hora de igualar la apariencia de los contenidos de la red.

Con este avance, se posibilitó también la creación del servicio de mensajes multimedia (MMS), que permite el envío de mensajes de texto junto con imágenes e incluso sonidos.

Además, la seguridad también fue sustancialmente mejorada con esta evolución de WAP.

Lección 3

Los peligros de Internet

Precaución en las autopistas de la información

En los últimos tiempos, instituciones y organismos han hecho hincapié, afortunadamente, en la importancia de la precaución al volante en las carreteras. Pues bien, en las enormes autopistas de este nuevo medio de comunicación, Internet, la precaución y la cautela son también imprescindibles para evitar que nuestro contacto con la Red resulte perjudicial o negativo.

Y es que, al igual que ocurre en la vida real, la Red es un mundo en el que algunas personas se intentan aprovechar del buen hacer de muchos otros para conseguir beneficios. Pero que nadie se asuste: caraduras hay en todos los lados.

Los medios de comunicación se hacen eco en muchas ocasiones de los últimos virus informáticos, las nuevas formas de estafa cibernética y las peligrosidades del spam, generando en el usuario no experto muchas dudas y miedos. Pues bien, hay que mantener la calma. Con información, prevención y cuidado, la mayoría de los males se pueden evitar. A continuación, vamos a realizar una aproximación a cada uno de los aspectos negativos más relevantes de la Red, de manera que el lector sepa a lo que se enfrenta.

Lo más importante es navegar con prudencia. La mayoría de los virus, troyanos o robots necesitan de la autorización del propio usuario para ser instalados en el ordenador, por lo que lo principal es saber lo que se hace. No hay que aceptar mensajes dudosos, abrir correos extraños o hacer clic en todo lo que aparezca. El sentido común, como en la vida misma, y algún que otro cuidado añadido (como la instalación de software específico) serán las claves para mantener nuestro ordenador limpio y seguro.

Spam

Es una de las realidades más apabullantes del panorama actual de Internet. Se conoce con esta palabra a toda clase de correos electrónicos que inundan las cuentas personales, provenientes de gente anónima o desconocida, y que pueden ser simplemente mensajes publicitarios o, peor aún, contener ciertos virus maliciosos. Es decir, el spam es el correo no deseado. En la actualidad, la mayor parte de cuentas de correo antiguas (con más de 3 ó 4 años) suelen estar totalmente saturadas de este tipo de mensajes, convirtiendo la tarea de revisión de la bandeja de entrada en un auténtico calvario. En la mayoría de los casos, este tipo de mensajes son simplemente muy molestos, tediosos, pero no suelen generar peligros reales. Sin embargo, en ocasiones estos mensajes pueden contener virus, a menudo en archivos adjuntos.

Para evitar que las cuentas de correo se llenen de spam, es fundamental no ir dejando la dirección de correo electrónico en cualquier lugar, ya que la mayoría de los piratas se aprovechan de ellas utilizando robots que rastrean, almacenan y, posteriormente, distribuyen todas las direcciones que aparecen en las distintas páginas que componen la World Wide Web. Los últimos servicios de correo electrónico ya están equipados de apartados específicos anti *spam*, como Hotmail o Gmail, aunque no son completamente fiables.

La mayoría de los mensajes de este tipo tienen ciertas cualidades comunes que se detallan a continuación para que el usuario esté advertido y no abra los correos. Porque, como ya hemos dicho, lo principal es la prevención. Aunque el *spam* inunde nuestras cuentas, mientras no abramos los mensajes y, sobre todo, los archivos adjuntos, todo está a salvo.

Podemos hacer una relación de características propias de mensajes que suelen ser considerados como spam:

- Remitentes desconocidos.
- Sin remitente.
- Aparece como remitente nuestra propia dirección de correo electrónico.

- Contenidos publicitarios.
- Asunto vacío.
- Asunto con temas que no nos incumben.
- Asunto en otro idioma (inglés, portugués, etc.).
- Falsos mensajes de respuesta: aparece el símbolo FW o RE, haciéndonos creer que son contestaciones a mensajes anteriores enviados por nosotros mismos.
- Errores tipográficos en el asunto: ausencia de letras, caracteres extraños, símbolos incoherentes, etc.

La presencia de una o varias de estas características en algún mensaje que nos haya llegado a nuestra cuenta de correo electrónico no significa que el archivo esté infectado con algún virus o que contenga un archivo potencialmente peligroso para nuestro ordenador. Simplemente son rasgos habituales de los mensajes típicos considerados como spam.

El spam en Internet está terminantemente prohibido en España por la nueva Ley de Servicios de la Sociedad de la Información y de Comercio Electrónico (LSSICE), publicada en el BOE del 12 de julio de 2002.

Fraudes telefónicos

Internet ha causado tal revolución en la sociedad actual que hasta los ladrones y estafadores han visto en ella un nuevo mercado en el que delinquir.

Desgraciadamente, los fraudes telefónicos han estado presentes en los primeros años de la generalización del uso de la red en España, aunque, afortunadamente, las nuevas leyes han velado cada vez más por la seguridad.

Además, los nuevos avances tecnológicos y, sobre todo, la generalización del ADSL como acceso telefónico a Internet han evitado el aumento de las prácticas de este tipo realizadas en nuestro país.

Los fraudes en la telefonía convencional están a la orden del día, algo que ha motivado una nueva legislación al respecto. Los números de tarifación especial han supuesto un nuevo medio de obtener beneficios para muchas empresas (existen muchas empresas que cumplen totalmente la legalidad y no forman parte del colectivo de los estafadores) y algunos interesados han buscado la forma de enriquecerse a costa de arruinar a otros.

Pues bien, aprovechando que para acceder a Internet es necesario disponer de una conexión telefónica y marcar un número de teléfono que conecta a un nodo que facilita el acceso a la red, los delincuentes han tratado por todos los medios generar unos programas que automáticamente descuelgan el teléfono concluyendo así la llamada oportuna para conseguir el acceso a Internet y marcan, sin que el usuario se dé cuenta, un número de tarifación adicional, manteniendo en activo esa llamada durante 30 minutos, que es el tiempo máximo durante el que puede realizarse una conexión de este tipo, provocando así un gasto desorbitado en las facturas de los usuarios que, en la mayor parte de los casos, éstos no conocen hasta el momento de recibir la factura telefónica.

Este tipo de programas se denominan *dialer* y, aunque necesitan la autorización del usuario para instalarse en el equipo, muchas veces están camuflados ilegalmente y el navegante puede caer en la trampa pulsando **Aceptar**.

Afortunadamente, en las conexiones ADSL este tipo de estafa es inviable, pero aquellos usuarios que aún mantengan su conexión tradicional a través del módem tienen que estar muy atentos a este tipo de prácticas o configurar su ordenador para que no permita la instalación de estos archivos.

Otra opción es avisar al operador telefónico correspondiente para pedirle la anulación de las llamadas a todos los servicios de tarifación adicional sin consentimiento previo.

Este tipo de programas suele aparecer en páginas en las que se ofrece algún contenido que, habitualmente, es de pago, por lo que hay que tener cuidado si se anda buscando alguna descarga que no se ha encontrado en ningún lugar gratuito y, excepcionalmente, se encuentra en alguna página desconocida.

Las páginas de contenido sexual o pornográfico son las que más se benefician de este tipo de práctica. Otro de los sectores en los que los *dialer* están más extendidos es en los de descarga directa de software. Habitualmente, las páginas en las que se ofrece la descarga directa (no mediante programas P2P) de programas suelen cobrar por estos servicios, por lo que si el usuario no está suscrito, los *dialer* son la forma de cobrar ese gasto.

Virus

Los virus informáticos son, sin lugar a dudas, el mayor temor de los informáticos y, sobre todo, de quienes se están iniciando en los ordenadores. Los virus siempre son presentados en los medios de comunicación y el público está muy sensibilizado con estos temas.

Al igual que en la vida real, los virus tienen mil y una variantes, por lo que no es conveniente agruparlos como un todo. Existen multitud de virus muy peligrosos que pueden ser muy perjudiciales y existen otros tantos, la mayoría, que simplemente son creados para ensalzar el *ego* de la persona que ha conseguido extenderlos más rápido y a más usuarios pero que en realidad apenas son dañinos.

Historia

Los virus no son una creación moderna. Desde que los ordenadores fueron adoptados como un electrodoméstico más, la evolución de los virus ha sido paralela a la de los equipos informáticos.

Y es que todos los usuarios que hemos crecido de la mano de la informática recordamos que ya existían virus y antivirus desde los tiempos de los primeros PC.

Sin embargo, el nacimiento de los virus informáticos es aún anterior.

En 1970, el virus *Creeper* inaugura la lista negra de programas que infectan ordenadores. El *Creeper* se hacía ver en la pantalla del equipo mostrando el mensaje "Hola, soy *Creeper*... atrápame si puedes".

Rápidamente, apareció su vacuna y, por tanto, el primer antivirus, llamado *Reaper*. Este virus se transmitía a través de ARPANET que, como ya hemos explicado, se puede considerar como la madre de Internet, luego los primeros medios de difusión de los virus no han cambiado mucho en la actualidad.

En 1974, es el turno del virus *Rabbit*. Este problemático conejo creaba una copia de sí mismo provocando un bloqueo en el sistema de los ordenadores IBM a los que afectaba.

En 1980 se produce un gran colapso en la red ARPANET al ser infectada por un gusano. Su creador fue detenido y condenado a realizar trabajos comunitarios. Comienza a conocerse públicamente el peligro de los virus y sus consecuencias.

Así, se van sucediendo varios virus que poco a poco van contaminando ordenadores desprotegidos y no preparados para esto, hasta que aparece la primera gran epidemia.

El virus *Brain* nació en Pakistán, donde unos hermanos propietarios de un negocio informático crearon un programa para que aquellas personas que compraran sus copias piratas de los programas informáticos más populares (Lotus, etc.) sufrieran una paralización de su ordenador al instalarlos, de manera que en la pantalla aparecía un mensaje con sus señas y así el cliente se veía obligado a contactar con ellos para que se lo arreglaran, lucrándose así doblemente.

Este virus llega así a Estados Unidos y contamina hasta 20.000 ordenadores, una auténtica barbaridad en relación a los ordenadores que existían entonces. Por si fuera poco, otros programadores lo modifican y crean otro aún peor.

Es el momento de la concienciación y aparecen los primeros programas comerciales de antivirus.

El final de los 80 y el comienzo de los 90 viven la aparición de un innumerable catálogo de virus, destacando el búlgaro *Dark Avenger*, que se expandió a una velocidad vertiginosa.

En 1995 se lanza la primera gran alarma mundial. Todos los medios de comunicación del mundo informan del peligro del virus *Michelangelo*, que se extiende rápidamente por el planeta.

En 1998 aparece el primer virus troyano conocido, el *Back Orifice*.

A partir de 1999, la generalización de Internet permite un salto cualitativo a los virus que, ahora sí, alcanzan un carácter de globalidad que incrementa el interés de los hackers, ansiosos de conseguir la fama mediante mensajes que se distribuyen por medio de la red a todo el planeta y en un minuto. Los virus *Melissa*, *Sircam* o *I love you* recorrieron la red infectando millones de máquinas. A partir de este momento, los gusanos salen a la palestra y se convierten en el mejor medio para infectar equipos informáticos en todo el mundo. A través de la red y sin que el usuario haga nada extraño, gusanos como el *Blaster* o el más reciente *Sasser* obligan al usuario a tomar muchas precauciones para mantener a salvo sus ordenadores.

¿Qué es un virus?

Un virus informático es una secuencia de código ejecutable que tiene como característica básica la capacidad de clonarse a sí mismo y que tiene como única intención su propia propagación.

Los virus, una vez que se encuentran en el interior de un equipo informático, lo primero que hacen es buscar los lugares a través de los cuales se pueden seguir propagando a terceros, por lo que infectan los discos duros, la disquetera, etc.

Después es el momento de duplicarse, creando una copia exacta de sí mismos en el disco duro.

En algunos casos, los virus pueden ser destructivos, porque pueden realizar algún tipo de acción perjudicial para el usuario como por ejemplo el borrado o la corrupción de archivos.

En otros casos, el virus simplemente genera un mensaje de aviso, gráfica o textualmente para que el usuario note su infección, pero que a efectos reales no provoca daño aparente.

Algunos virus, los más desarrollados, tienen la propiedad de mutar, para evitar la acción de los antivirus.

Fases de los virus

Para que un virus llegue a ser conocido, es decir, para que llegue a conseguir el efecto que su creador buscaba, es necesario que haya pasado por las siguientes etapas:

- **Creación:** La programación informática ha pasado de ser un privilegio de unos pocos a convertirse en un conocimiento común, casi como el aprender idiomas. El lenguaje informático, en sus muchos dialectos, es la herramienta necesaria para construir un virus. Así, en estos momentos, no resulta difícil técnicamente la creación de un programa infeccioso. Sólo hay que carecer de escrúpulos y de conciencia, sufrir de egocentrismo y conocer algo de programación para convertirse en un delincuente de los más buscados del mundo.
- **Reproducción:** Una vez que el virus ha llegado al equipo informático que se dispone a infectar, chequea el sistema, lo reconoce, busca sus posibles objetivos y realiza el fin para el que ha sido creado. Se reproduce creando una copia exacta o ligeramente mutada (para evitar su eliminación) de sí mismo y está listo para seguir su camino.
  Los virus se alojan en ciertos elementos del ordenador. Son los siguientes:

  1. En el disco duro.
  2. En el sector de arranque.

3. Dentro de la memoria principal, en la RAM.
4. En los documentos con macro. Es habitual la proliferación de virus a través de programas como Microsoft Word.

- **Propagación:** Una vez que ha conseguido infectar un ordenador, se las ingenia para hacer lo propio con todos aquellos posibles objetivos que tenga a su alcance.
  Los virus se alojan en todos los lugares que creen convenientes para facilitar su propagación. Los medios de infección de un virus son los siguientes:

  1. Unidades de discos o CD.
  2. Mediante descarga de archivos de Internet.
  3. A través del correo electrónico.
  4. Páginas Web (instalación automática de componentes que creemos limpios).
  5. Ordenadores conectados en red.

- **Activación:** Los virus, cuando ya están situados en los ordenadores a los que pretenden infectar, quedan en estado latente a la espera de la confirmación que necesitan para activarse. Habitualmente, los virus necesitan la autorización del usuario para ejecutarse, pero en muchos casos, éste es engañado y los virus se activan con cualquier acción común o incluso en una fecha u hora concreta.
  Cuando comienza a actuar, el virus realiza aquella misión para la que ha sido programado. Como ya hemos dicho, se puede tratar de una acción no dañina o simplemente anunciativa o puede generar importantes perjuicios.
- **Detección del virus:** En la actualidad, numerosas empresas se han dedicado a vender aplicaciones que se encargan de eliminar todos aquellos virus que van existiendo. El desarrollo de Internet permite las constantes actualizaciones para conseguir los antídotos específicos para cada virus creado.
- **Eliminación del virus:** El antivirus, si está convenientemente actualizado, localiza el problema, lo elimina y restaura el sistema para que no queden restos, además de crear una vacuna que impedirá que la misma infección aparezca de nuevo. Cuando los daños del virus son de mayor gravedad, en ocasiones no queda más remedio que formatear los discos duros para solucionar el problema.

Troyanos

Reciben este curioso nombre debido a su peculiar forma de actuar. Al igual que el caballo de Troya, estos archivos entran en nuestro ordenador sin aparente peligro, pero una vez dentro, se aprovechan de la información existente para abrir puertos y poder permitir el acceso desde el exterior de todo tipo de acciones no autorizadas.

Se puede decir que un troyano es un programa de administración remota. Cuando se instala en el interior de un equipo permite a un usuario externo controlar un ordenador ajeno.

En la actualidad, son uno de los grandes peligros de la red.

La presencia de un troyano en un ordenador lleva consigo la peligrosa realidad de que cualquier persona ajena puede controlar a su antojo el funcionamiento o las actividades que parten de nuestro ordenador.

En una sociedad en la que cada vez más realizamos multitud de operaciones a través de Internet en las que facilitamos infinidad de datos personales y anónimos, el peligro que puede significar este tipo de virus es muy elevado.

Para que un troyano funcione, es totalmente imprescindible que el programa de control remoto esté instalado en los dos ordenadores que participan en el acto. Sin embargo, el equipo que actúa como servidor, el infectado, no tiene conciencia en ningún momento de que está siendo controlado desde el exterior, por lo que la situación se puede prolongar durante mucho tiempo y con unas consecuencias muy peligrosas.

Sin embargo, los troyanos se pueden evitar con sentido común y una importante dosis de intuición, ya que, para que este tipo de programas se pueda activar, es totalmente necesaria la autorización del usuario del ordenador en cuestión.

Obviamente, los usuarios maliciosos que mandan los troyanos no lo harán diciendo "Hola, soy un troyano muy peligroso, no me aceptes", sino que buscarán diversas argucias para intentar persuadir al usuario.

Por eso decimos que la intuición es relevante. Siempre que recibamos un archivo extraño de un medio desconocido, nunca hay que ejecutarlo o dar nuestra aprobación. Nunca. Los medios más habituales de envíos de troyanos son el correo electrónico y los archivos y mensajes a través de los programas de mensajería instantánea como MSN Messenger o ICQ.

De todas maneras, la mejor opción para defenderse de los ataques de los troyanos es la instalación de cualquier firewall, un cortafuegos que evitará el envío de este tipo de archivos maliciosos, que describiremos más adelante.

Podemos diferenciar varias clases de troyanos:

- **Troyanos de acceso remoto:** Son los más comunes, los que se han comentado en las líneas anteriores. Un ordenador controla a otro sin que éste se dé cuenta de lo que está ocurriendo.
- ***Keyloggers*:** Son también muy peligrosos ya que son capturadores de texto. Todas las contraseñas o nombres de usuario que escribamos se grabarán y otra persona puede, obviamente, utilizarla a partir de ese momento, por lo que estaríamos comprometiendo nuestra seguridad.
- **Troyanos de FTP:** A través de este tipo de programas, el atacante consigue emular el funcionamiento de un servidor FTP, con lo que puede realizar un intercambio de archivos e información sin que el infectado se dé cuenta de lo ocurrido.

Gusanos

En la actualidad, son, junto con los troyanos, la mayor amenaza para la comunidad de internautas internacional.

Si bien es cierto que en la mayoría de los casos los gusanos que se transmiten a velocidades insospechadas por la red y que infectan en cuestión de minutos a millones de ordenadores no suelen tener un objetivo destructivo, la simple infección de los equipos causa grandes pérdidas de tiempo y, consecuentemente, de dinero, principalmente a las grandes empresas, que pueden llegar a perder todas sus redes operativas.

Los gusanos han adquirido una fama mediática que incita a sus creadores a seguir realizando nuevas versiones con el fin de dar a conocer su "obra" por todo el mundo.

Gusanos como el *Blaster* o el *Sasser* provocaron durante el año 2004 una epidemia de dimensiones desconocidas, llegando a todos los rincones del planeta y provocando el caos en Internet y en los hogares y las empresas de usuarios de Internet.

En estos dos casos, el ordenador no sufría más daño que un continuo reinicio y una ralentización de las aplicaciones y, una vez limpiado y solucionado, el ordenador quedaba completamente restablecido. Sin embargo, el perjuicio que creó fue muy importante, sobre todo a nivel empresarial. Grandes centros de negocios o incluso hospitales que dependen de redes internas para su funcionamiento se vieron colapsados y tuvieron que aplazar las visitas a los médicos por no disponer de sus ordenadores. Hoy en día, los gusanos son los virus más numerosos que existen en este momento, debido principalmente a dos razones: su vertiginosa velocidad de propagación y su facilidad de creación. Según la manera que tienen de propagarse, podemos diferenciar distintos tipos de gusanos:

- Gusanos que se envían automáticamente a los contactos: Este tipo de virus, una vez se encuentra en un ordenador concreto, localiza todas las direcciones existentes mediante su propio motor SMTP y es enviado como si se tratase de un mensaje original del usuario. En el momento en el que el gusano es admitido en el siguiente ordenador, realiza el mismo proceso y así sucesivamente.
- Gusanos que se aprovechan de vulnerabilidades del sistema: Dentro de este género podemos incluir a los ya comentados *Blaster* o *Sasser*. Aprovechando fallos enormes y vulnerabilidades incomprensibles de Windows, este tipo de archivos infecta a todos los usuarios que no tengan actualizado convenientemente el sistema operativo, algo muy complicado debido a la multitud de archivos a descargar para conseguir la actualización total. Además, este tipo de gusanos tiene la posibilidad de autoejecutarse, por lo que una vez que logran entrar en el ordenador, lanzan su carga vírica contra el equipo sin necesidad de que el usuario los active.
- Gusanos que se propagan por las redes locales: Este tipo de gusanos suele afectar normalmente a las empresas que basan sus infraestructuras informáticas en redes locales. Son poco comunes pero, al mismo tiempo, muy peligrosos.
- Gusanos que se propagan a través de programas de mensajería instantánea: Funcionan de la misma manera que los que lo hacen a través del correo electrónico, aprovechando la lista de contactos.
- Gusanos que infectan por medio de los programas P2P: Programas de uso tan común hoy en día como Kazaa o Emule no están a salvo de este tipo de ataques. Aprovechando estas redes utilizadas para compartir archivos, estos gusanos crean carpetas con nombres atractivos en los ordenadores de los usuarios buscando persuadir a otros de que los descarguen.

Soluciones: Antivirus, firewall y antiespías

Afortunadamente, al igual que existe un determinado sector de internautas que se dedican, casi en exclusivo, a ir introduciéndose en ordenadores ajenos y creando aplicaciones nocivas y virus sin ningún tipo de conciencia ética o moral, existe, paralelamente, otro sector de usuarios que trabajan en pro del bienestar común. Por ese motivo, al igual que existen vacunas para curar las enfermedades en la vida real, en Internet existen los antivirus y los firewall. Su uso no significa la eliminación de toda posibilidad de contagiarse de alguno de los males, pero ayuda mucho.

Y, además, no todos los productos de este tipo son distribuidos con ánimo de lucro. Además del mercado habitual de software, donde existen numerosos productos muy interesantes y recomendables para mantener seguro nuestro equipo informático, sobre todo si se trata de la seguridad de una empresa, existen otros tipos de programas, también muy beneficiosos, que son de contenido totalmente gratuito y circulan por la red como *freeware*.

Antivirus

Un antivirus es una vacuna contra un virus informático. Se puede usar previamente como prevención y se debe usar, *a posteriori*, siempre que un virus haya infectado nuestro equipo.

Los antivirus existen desde que nacieron sus antagonistas, como ya hemos explicado en líneas anteriores, por lo que su evolución es totalmente paralela a la de ellos y está completamente ligada al desarrollo de las nuevas infecciones. Siempre que un virus se crea, un antivirus aparece para sanarlo.

Existen antivirus globales, que protegen un equipo de todo tipo de virus y existen algunos más específicos, centrados en los virus más importantes. Sin embargo, la constante evolución de los virus y su espectacular velocidad de difusión hacen que este mundo de la seguridad en Internet esté en constante ebullición, por lo que los antivirus deben actualizarse de manera continua ya que, inevitablemente, van siempre un paso por detrás de los virus informáticos.

Por ese motivo, muchas compañías optan por lanzar un parche específico paralelo para cada virus de nueva creación que aparece. Así pues, lo más recomendable en todos los sentidos es tener instalado un antivirus en cada ordenador y mantenerlo siempre activo y actualizado.

Además, nunca hay que dejar de mantener la precaución ante cualquier tipo de archivo desconocido ni realizar operaciones complejas en páginas no seguras. Hay que conocer todos los programas que uno se instala en el ordenador y no aceptar transferencias de archivos de desconocidos o de páginas que ofrecen alguna información que, seguramente, será engañosa. Por otro lado, conviene siempre mantenerse informado de los últimos virus que aparecen en el mercado porque, en muchas ocasiones, pueden evitarse si se hace caso de algunos consejos que se dan en los lugares especializados.

Una página muy recomendable es www.virusportal.com (véase la figura 3.1), que aparece en la próxima figura. Dentro de su amplio contenido, se pueden conocer en tiempo real los últimos peligros de la red, los virus más propagados, las grandes amenazas del momento y, con un solo clic, tener la solución y los parches a casi todos los gusanos que aparecen.

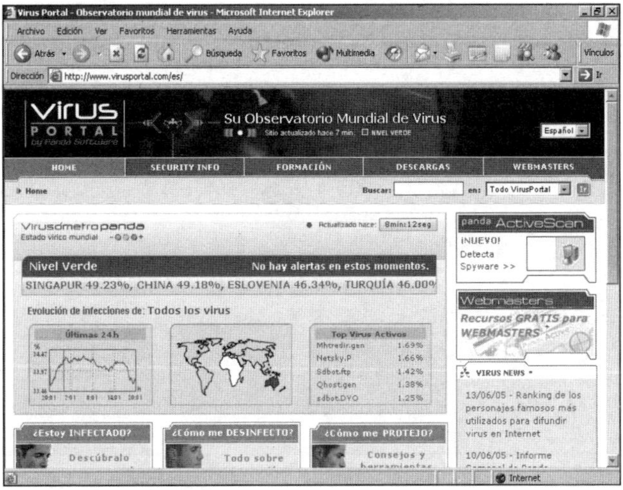

Figura 3.1. Ventana principal de Virusportal.

Panda Active Online

Qué duda cabe de que uno de los antivirus más populares en todo el mundo es el que creó la compañía Panda Software.

Su marca es reconocida en todo el planeta y es sinónimo de seguridad y fiabilidad (véase la figura 3.2).

Pues bien, además de ofrecer servicios de pago en productos muy interesantes, como puede ser el caso de Panda Antivirus Titanium, la compañía ha creado una aplicación totalmente gratuita a través de la red, para que cualquier usuario doméstico pueda conocer en poco tiempo el estado de salud de su equipo sin necesidad de realizar un desembolso económico.

Este pequeño programa se llama Panda Active Online y consiste en una pequeña descarga que se realiza con sólo registrar una dirección de correo electrónico y, posteriormente, al ser ejecutado, realiza un escaneado completo del ordenador para buscar todos los archivos corruptos y los posibles invasores que existan.

En caso de encontrar elementos perjudiciales, el propio programa los puede eliminar, asegurándonos así de tener el equipo perfectamente sano una vez realizada la operación.

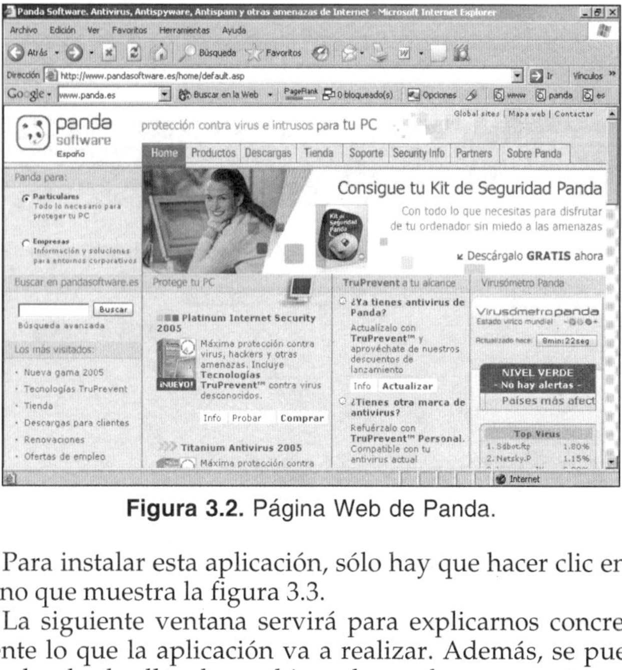

Figura 3.2. Página Web de Panda.

Para instalar esta aplicación, sólo hay que hacer clic en el icono que muestra la figura 3.3.

La siguiente ventana servirá para explicarnos concretamente lo que la aplicación va a realizar. Además, se puede acceder desde ella a los archivos de ayuda, que cuentan más explícitamente el contenido del antivirus online.

Para continuar, hay que hacer clic en **Siguiente**, como muestra la figura 3.4.

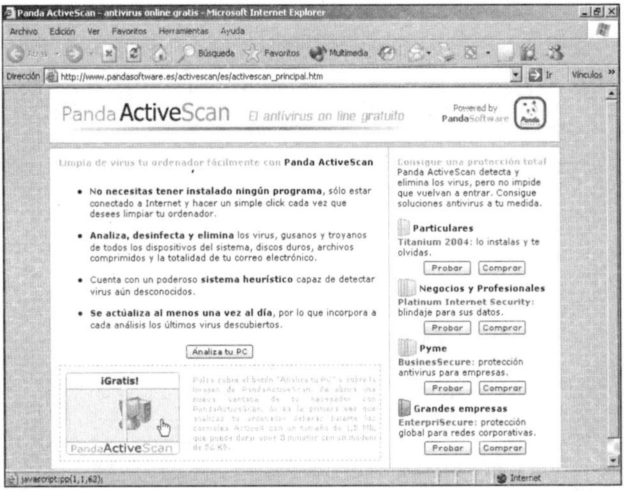

Figura 3.3. Comenzar la instalación.

Figura 3.4. Avanzar al segundo paso.

Lo siguiente es introducir una dirección de correo electrónico (véase la figura 3.5) para que Panda autorice a usar su excepcional herramienta. Al tratarse de una página totalmente segura, no hay nada que temer en ofrecerle nuestros datos de correo electrónico.

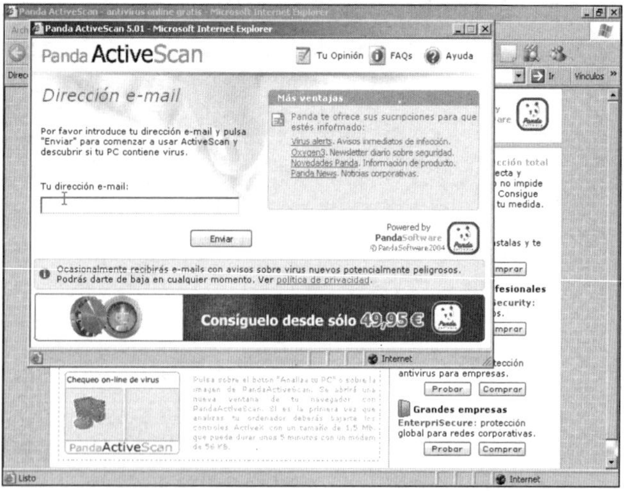

Figura 3.5. Introducir correo electrónico.

Una vez autorizado, seleccione el país de origen y la provincia (figura 3.6) desde la que realiza la descarga. Estos datos, aunque puedan parecer innecesarios, sirven para que los chicos de Panda puedan realizar unas estadísticas sobre el alcance de su aplicación y el interés suscitado en los clientes, así como sobre la seguridad en la red, por lo que, al no costar nada ni suponer una pérdida de tiempo excesiva, conviene realizarlo con mucho gusto. Haga clic en **Comenzar**.

A partir de ese momento, Panda está descargando al disco duro una serie de archivos necesarios para llevar a cabo la exploración. Aparecerá una nueva ventana (véase la figura 3.7).

La operación puede tardar unos minutos, pero no hay que ser impaciente.

En la siguiente ventana se pueden establecer todas las opciones posibles que ofrece este programa. Como puede observar, además de virus también puede detectar y desactivar troyanos y puede eliminar los virus una vez los ha detectado.

También podrá elegir si quiere analizar todo el ordenador o simplemente alguno de sus componentes.

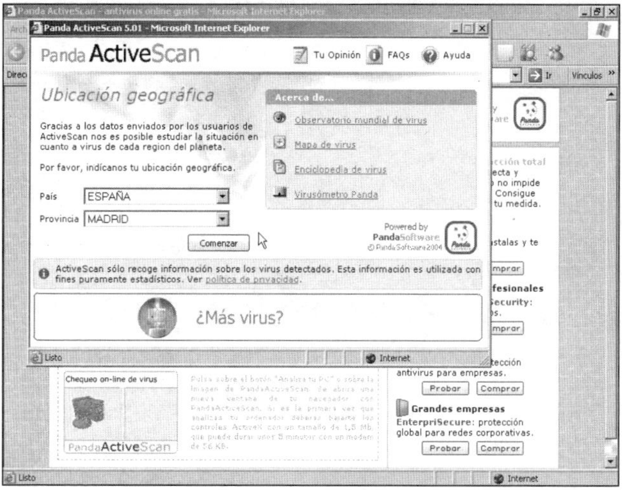

Figura 3.6. País y ciudad de origen.

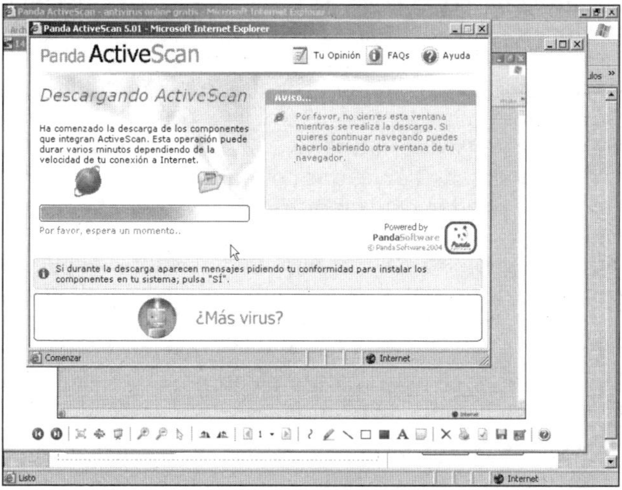

Figura 3.7. Descargando aplicación.

Lo más recomendable es hacer clic en Todo mi PC (véase la figura 3.8), ya que así se asegurará de limpiar exhaustivamente todo su equipo y mantener activas todas las casillas que venían por defecto. Hay que tener en cuenta que cuantos más componentes ponga a analizar, más tiempo tardará el análisis.

Figura 3.8. Analizar todo el ordenador.

La próxima ventana en aparecer muestra los resultados provisionales del análisis, así como el desarrollo del mismo. Ahora es el momento de armarse de paciencia, ya que una revisión de este tipo, archivo por archivo, puede llevar muchos minutos (véase la figura 3.9).

La gran ventaja de esta aplicación, además de su gratuidad, su utilidad y su sencillez, es que no consume muchos recursos, por lo que se pueden realizar otras tareas mientras se espera el buen rato que dura el proceso.

Siempre que observe que alguna de las líneas del cuadro informativo de los datos se encuentra en rojo, significa que el equipo está infectado por algún tipo de archivo dañino o nocivo.

Podrá ver cómo aparecerá la palabra "sí" (véase la figura 3.10) y automáticamente lo eliminará.

Firewall

La traducción literal de esta palabra sería "muro de fuego", pero la más correcta es la de "cortafuegos". Pues bien, su utilidad es completamente comprensible deduciéndola de su significado. Simplemente es un programa que crea un muro alrededor del ordenador para impedir que entren en él toda clase de archivos.

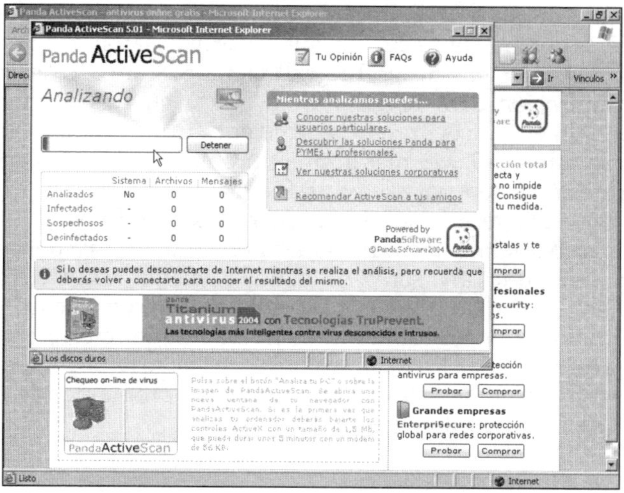

Figura 3.9. Proceso de análisis del PC.

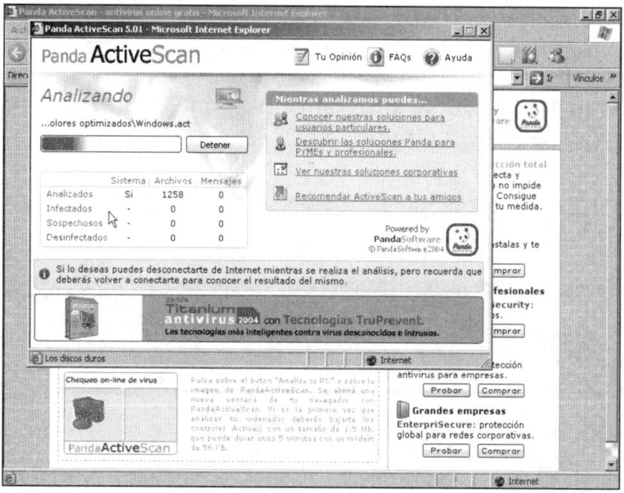

Figura 3.10. Archivos infectados.

Un *firewall* sin configurar crearía una pared en el equipo, haciendo que todo archivo que quisiese entrar en él fuera rebotado. Obviamente, este tipo de decisión evitaría con toda seguridad la intrusión de cualquier elemento no deseado. Sin embargo, siempre es necesario abrir pequeñas ventanas en el muro para poder respirar, en este caso para poder realizar diversas operaciones que permitan aprovechar al máximo la red. Por esta razón, los firewall siempre dan opción a su configuración para poder abrir o cerrar puertas o puertos manualmente. Si la presencia de un antivirus en cada ordenador se antoja cada vez más imprescindible, podemos hacer esa afirmación extensiva a los cortafuegos.

Un ordenador conectado a Internet sin un firewall es un elemento totalmente vulnerable en una red con un constante flujo de ataques invasores. Además, las mismas empresas que suelen desarrollar antivirus hacen lo propio con este tipo de aplicaciones, por lo que, de la misma manera que crean *freeware* para los primeros, lo hacen también con los cortafuegos, por lo que es bastante sencillo encontrar buenos programas de este tipo de libre distribución por Internet.

Zone Alarm

Es, sin duda, uno de los cortafuegos gratuitos más completos que existen. Aunque también ofrece versiones de pago, generalmente para usos empresariales, su versión *freeware* es algo más que interesante, siendo muy recomendable su uso para evitar intrusos en el ordenador.

Para descargar el programa hay que acudir a la Web www.zonelabs.com (figura 3.11).

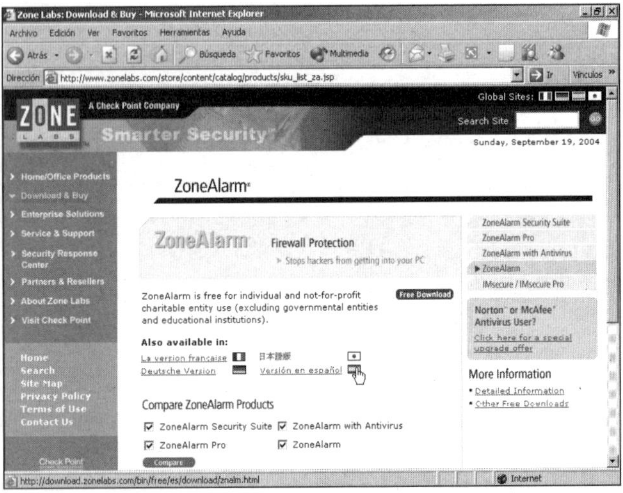

Figura 3.11. Descarga de Zone Alarm.

A partir de este momento, su ordenador estará mucho más protegido. Cada vez que alguien intente entrar en su equipo, el firewall lo protegerá y, en caso de que algo se escape, siempre será posible la detección del virus a través del antivirus correspondiente.

Hay que recordar que, aunque este tipo de programas es muy recomendable y bastante eficiente, no son infalibles, por lo que volvemos a apelar al sentido común para evitar la infección del ordenador y también todas las consecuencias negativas que eso conlleva.

Antiespías

Cada vez existen más robots y gusanos capaces de infectar nuestro equipo y dificultarnos nuestra navegación, generando, además, importantes riesgos de seguridad. Para evitar que algún troyano o similar se salte su cortafuegos o sea indetectable por el antivirus, es recomendable instalar algún otro tipo de programa que le será de mucha ayuda. Son los llamados antiespías, programas muy sencillos y esencialmente gratuitos que son imprescindibles en cualquier ordenador conectado a Internet.

Desde estas páginas recomendamos Stinger y Spybot Search & Destroy.

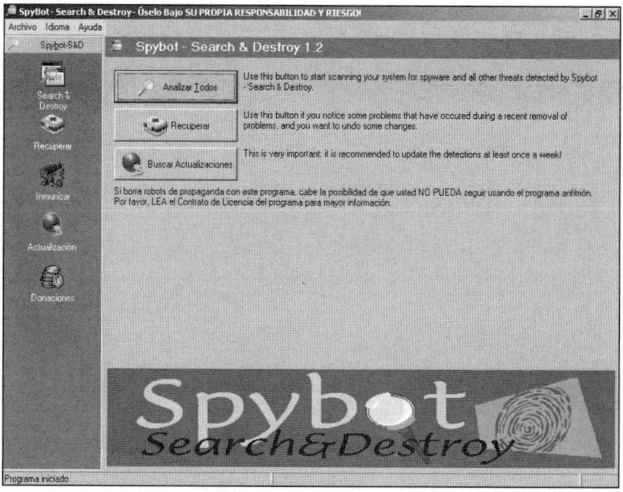

Figura 3.12. Spybot Search & Destroy.

Estos dos programas tienen un funcionamiento muy simple y su comportamiento está automatizado, de manera que realizando un escaneo del disco duro, automáticamente detecta todos los robots existentes y, después de autorizarlo, los elimina por completo.

Lección 4

Navegadores

¿Qué es un navegador?

Quizás alguna vez se ha preguntado la razón por la que se utiliza la expresión navegar relacionada con Internet. La Red, como ya hemos comentado en líneas anteriores, es un mar de información. Un lugar inmenso por el que circulan cantidades ingentes de información sin aparentes fronteras o delimitaciones. De ahí viene el símil. El internauta navega por la Red en busca de información; es una forma de denominar el proceso por el que el usuario de Internet se mueve en pos de encontrar lo que busca.

Y para visitar páginas Web y moverse a través de ellas, es fundamental e imprescindible el uso de un navegador, que no es más que una sencilla aplicación a través de la cual se accede al inmenso océano de datos de todo tipo que nos muestra Internet.

Como comentamos en el primer capítulo, el primer navegador de la historia fue Mosaic, el precedente de Netscape Navigator. Posteriormente, Microsoft aprovechó la difusión de su sistema operativo Windows para proponer Internet Explorer como alternativa y, gracias a su enorme popularidad y a la comodidad que suponía para el usuario que estuviera incluido en el paquete, se convirtió con el tiempo en el navegador más extendido del planeta.

Y así, hasta hoy. En estos momentos, pese a que Internet Explorer mantiene su posición dominante, estamos asistiendo a una relevante revolución en este apartado. Compañías como Mozilla Firefox, Opera y la veterana Netscape están luchando cara a cara contra el gigante Microsoft, robando buena parte de una parte de mercado que parecía predestinada a quedar en las manos de Bill Gates y sus chicos.

En las próximas líneas, vamos a realizar una aproximación a los navegadores más importantes para que el lector pueda desenvolverse con soltura y navegar cómodamente por la Red.

Internet Explorer

La versión 6.0 del navegador que Windows trae por defecto (véase la figura 4.1) es, sin duda alguna, la más extendida de todos los exploradores de páginas Web a lo largo y ancho del planeta. Hasta hace muy poco tiempo, la popularidad de esta aplicación y su utilidad, hacía creer que Microsoft se iba a limitar a realizar actualizaciones esporádicas sin necesidad de presentar una nueva versión. Sin embargo, el auge de la competencia, los problemas de seguridad y el miedo a perder parte de un pastel en el que el liderazgo estaba asegurado, han llevado a la multinacional a desarrollar una versión 7.0, prevista para finales de 2005.

Figura 4.1. Página de Internet Explorer.

La sencillez en el manejo de este explorador es uno de los grandes secretos de su éxito. Para visitar páginas por Internet, no tiene más que abrir el navegador y escribir en la barra de direcciones la página a la que quiere acceder y, dependiendo de la velocidad de su conexión, en unos segundos se le presentará el lugar señalado.

A partir de ahí, dentro de cada una de las páginas Web que visite, se podrá mover a su antojo. En el caso de querer regresar a la página anterior o avanzar a la próxima (siempre que antes haya regresado una primera vez), no hay más que hacer clic en las flechas (derecha o izquierda) que se encuentran en la parte superior izquierda de la pantalla.

A continuación, vamos a aproximarnos a las funciones básicas más interesantes de este navegador.

Gestión de Favoritos

El usuario de Internet, habitualmente establece una rutina en sus visitas. Lo más común es que cada usuario tenga una serie de páginas Web favoritas que suela visitar a menudo: páginas de correo electrónico, diarios, blogs, etc. Por eso, una de las funciones más útiles de Internet Explorer es la carpeta de Favoritos.

Gracias a esta opción, podrá almacenar todas aquellas páginas que sean de su interés para tenerlas siempre a mano sin necesidad de tener que escribir su nombre o recordarlo, ya que, en ocasiones, llegará a páginas interesantes a través de buscadores y desconocerá el nombre o la dirección real del sitio en cuestión.

El modo de acceder al menú Favoritos para poder organizarlo es fácil. Haga clic en el botón Favoritos>Agregar Favoritos de la barra de herramientas superior y aparecerá la ventana que muestra la figura 4.2.

Desde esta ventana podrá mover, organizar en carpetas, borrar o añadir nuevas páginas a su colección. Pero no es necesario que realice estas acciones cada vez que quiera guardar una página interesante. Desde el propio navegador, en la ventana de navegación formada por iconos, tiene un botón **Favoritos** desde el que puede guardarlas mucho más rápidamente. Si hace clic en dicho botón, a la izquierda de la pantalla y del navegador, aparecerá una columna (véase la figura 4.3) con las páginas ya guardadas en memoria.

Si no dispone de una conexión de tarifa plana a Internet, para evitar que la factura telefónica suba como la espuma, se puede aprovechar mucho esta opción de almacenar páginas como Favoritos y activar una posibilidad de acceder a contenido ya visitado sin necesidad de estar conectado a la línea telefónica. Así, si por ejemplo quiere visitar la página Web de un diario, es recomendable ir accediendo en un principio a todas las páginas que sean de interés para, posteriormente, poder visitarlas como si se estuviera conectado.

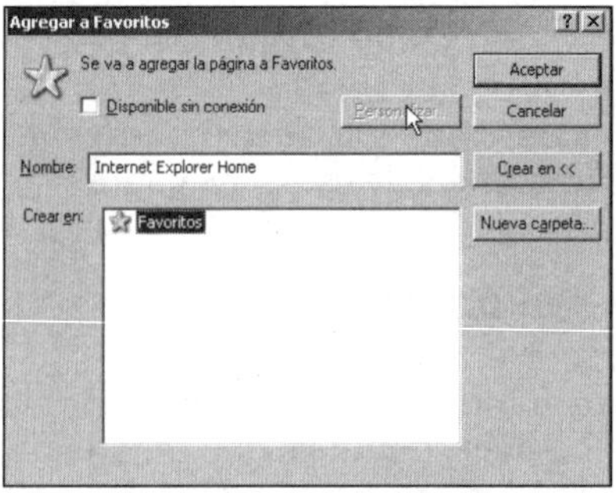

Figura 4.2. Gestión de Favoritos.

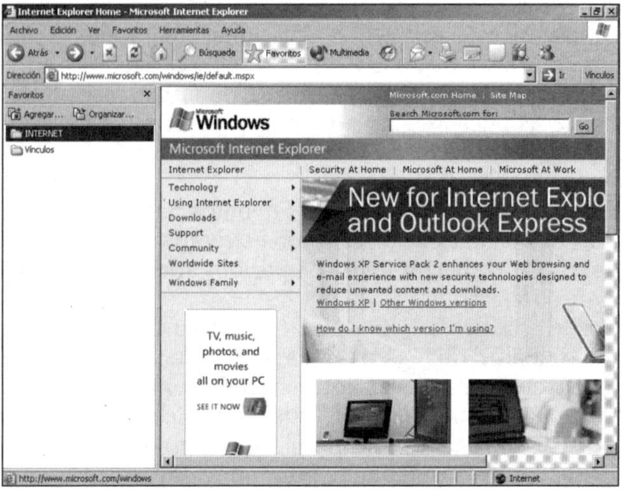

Figura 4.3. Ventana de Favoritos.

Para activar esta opción, sólo tiene que activar la casilla Disponible sin conexión que aparece cuando se dispone a agregar una dirección a la carpeta Favoritos, como se puede observar en la figura 4.4.

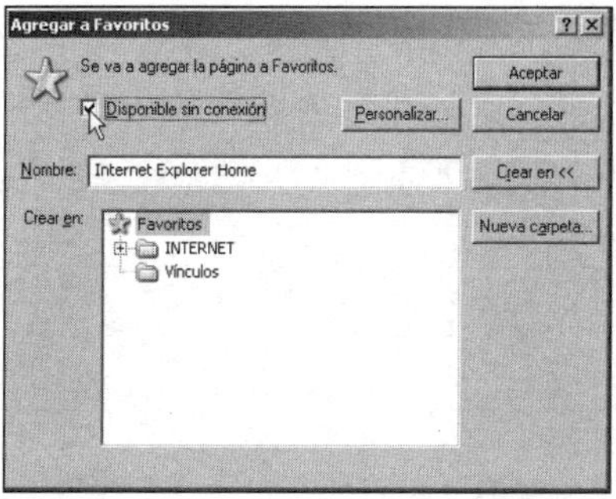

Figura 4.4. Disponible sin conexión.

Página de inicio

La página de inicio es aquella que aparecerá por defecto siempre que inicie por primera vez una ventana con Internet Explorer. Esta página se puede configurar manualmente, de modo que puede acceder rápidamente a aquél sitio que más le interese sin necesidad de tener que poner su dirección o buscarlo en Favoritos; o sea, se ahorrará un paso. Lo más habitual es colocar como página inicial la página de acceso al correo electrónico o la del buscador que más se utilice. Siempre es adaptable a las necesidades del usuario. Otra de las opciones es dejar la página en blanco, para que así cargue más rápido y pueda dirigirse manualmente al lugar que le interese.

Para configurarla, tiene que realizar el siguiente procedimiento. Con el navegador de Microsoft activo, aunque no es necesario que tenga una conexión abierta con Internet en ese momento, haga clic sobre el botón **Herramientas** de la barra superior. Luego, sobre Opciones de Internet y, finalmente, seleccione la pestaña General. En la ventana que tendrá en pantalla (véase la figura 4.5) puede cambiar la página de inicio de su navegador de un modo rápido y fácil.

En la parte superior de esta ventana podrá comprobar que hay un epígrafe con la leyenda que precisamente está buscando, Página de Inicio. Simplemente, cambie la que viene por defecto por la que desee. No es necesario que incluya "http://", pero tampoco pasa nada si lo hace.

Pero no sólo eso tendrá a mano. En esa misma ventana puede borrar los archivos temporales de Internet, el Historial o cambiar el aspecto general de los colores, las fuentes o el idioma.

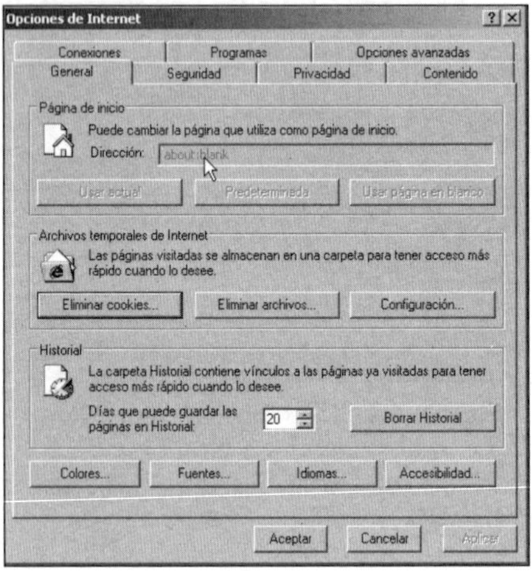

Figura 4.5. Cambiar página de inicio.

Opciones de seguridad

Internet Explorer viene configurado automáticamente con una serie de funciones estándar que son, habitualmente, suficientes para cualquier usuario de la Red. Aún así, existe una serie de opciones de seguridad que puede personificar a su gusto.

Para acceder a ellas, desde la barra de herramientas del navegador, haga clic en el botón **Herramientas** y, a continuación, haga clic en Opciones de Internet>Seguridad (véase la figura 4.6).

En esta ventana tiene todas las opciones generales de configuración. Pero si no ha cambiado nada, la configuración que vendrá será la que el navegador especifica por defecto. Haga clic en el botón **Nivel Personalizado** para acceder a más opciones (véase la figura 4.7). En esta ventana ya podrá, por fin, modificar las opciones de seguridad. Modifique sólo aquellas que sepa qué resultado tendrán. Si tiene dudas, es mejor que deje las opciones por defecto.

Archivos temporales

Todas las páginas que se visitan a través de Internet quedan siempre guardadas en el ordenador por varias funciones.

En primer lugar, sirve para utilizar la opción **Historial**, que ya veremos más adelante y, por otro lado, permite que tenga acceso más rápido a las páginas que ya ha visitado en alguna ocasión. Sin embargo, también tiene el inconveniente de que esta información ocupa espacio en nuestro disco duro. Por esta razón, de vez en cuando, conviene limpiar este contenido para liberar espacio.

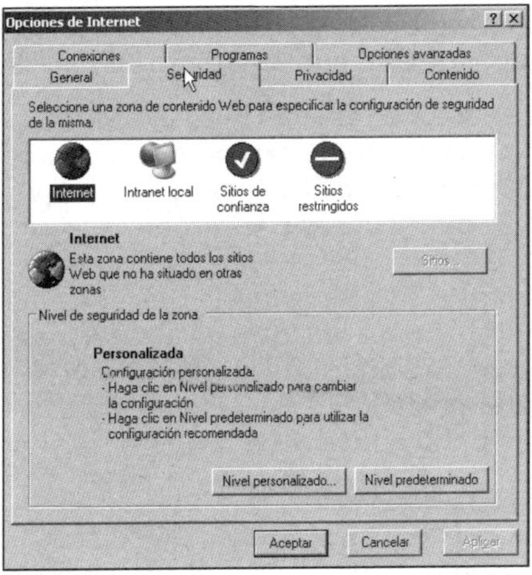

Figura 4.6. Opciones de seguridad.

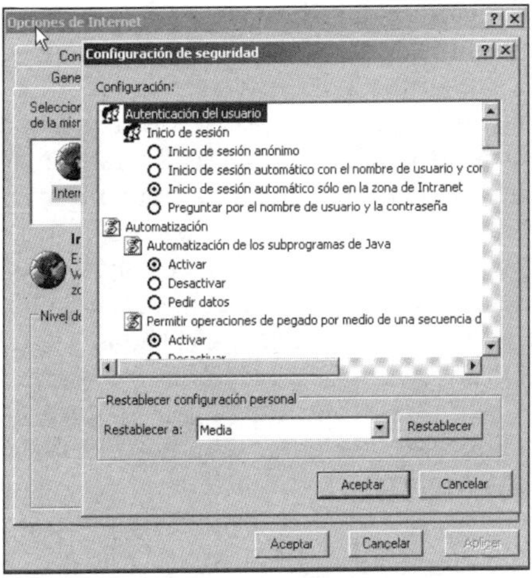

Figura 4.7. Nivel Personalizado.

Podrá borrar todos estos archivos antes mencionados haciendo clic en Herramientas>Opciones de Internet>General> Eliminar Cookies, Eliminar Archivos y Borrar Historial.

Elementos

Lo primero que hay que hacer para aprender a utilizar este navegador es familiarizarse con su menú, con sus elementos.

En una vista rápida, la pantalla de Internet Explorer muestra varios grupos de elementos que son diferenciables entre sí.

- **Barra de menús**: Es el primer elemento que se puede observar. Este tipo de barra de menús es muy habitual en los programas de Microsoft, por lo que es más que probable que el usuario lo reconozca a primera vista y moverse a través de él le resulte muy familiar. Por poner un ejemplo, se puede decir que este menú es muy similar al que se incluye en programas de uso tan común como Microsoft Word.

  Ofrece la posibilidad de desplegar varios menús que contienen diferentes opciones. Son los siguientes:

  1. Archivo: En este menú se pueden observar las funciones habituales Nuevo, Abrir, Edición, Guardar, Configurar página, Imprimir, Propiedades, etc.
  2. Edición: Incluye las acciones Cortar, Pegar, Copiar o Seleccionar todo, muy útiles en Internet.
  3. Ver: Como es habitual, este submenú muestra todas las posibilidades para configurar el aspecto que puede presentar este programa, siendo posible la personalización del navegador a gusto del usuario, añadiendo más botones o barras en los distintos apartados como barras de herramientas, barras de estado, barra del explorador, etc.
  4. Favoritos: Es una de las ventajas que ofrece este navegador. Gracias a este apartado, el usuario puede guardar en esta carpeta todas aquellas páginas visitadas que considere oportuno, ya sea porque son sus páginas preferidas y las visitará a menudo, o porque necesite tener a mano ciertas páginas que son necesarias en un momento oportuno, evitando el engorroso procedimiento de apuntarlas a mano, algo que resulta poco ágil debido a que muchas páginas Web tienen una extensión demasiado larga.

5. Herramientas: Es otro de los submenús más habituales en todos los productos de esa compañía. El botón más importante es **Opciones de Internet**, lugar donde se realizarán todas las configuraciones relevantes para el buen funcionamiento del navegador.
6. Ayuda: Ofrece de un modo rápido y muy accesible toda la información necesaria sobre el funcionamiento del propio Explorer.

- **Barra del explorador:** Es, sin duda, la parte del Explorer que más utiliza el usuario. En ella se encuentran todos los comandos más necesarios y habituales para la navegación por la red, en forma de acceso directo. Es decir, gracias a la barra del explorador, todas las operaciones más comunes se pueden realizar con un solo clic, sin tener que perder el tiempo en eternas búsquedas por los menús.

  Los botones que conforman esta barra son los siguientes:

  1. **Atrás**: Con este botón, el navegador vuelve a la página visitada con anterioridad. Si se despliega el menú que tiene a la derecha de la flecha, aparecerá un pequeño listado con las últimas direcciones que se han visitado.
  2. **Adelante**: Tiene el mismo funcionamiento que el botón anterior pero, obviamente, el efecto contrario, ya que al pulsarlo lleva al usuario a la página siguiente.
  3. **Detener**: Este botón se suele utilizar en caso de que el usuario haya cometido un error y esté cargando una página que no desea visitar. Haciendo clic en el mismo, la página seleccionada se dejará de cargar y así se evitará una pérdida de tiempo innecesaria.
  4. **Actualizar**: Es un botón muy útil para la navegación en páginas de información o cuya actualización de contenidos sea constante. Aunque en la actualidad existen páginas que refrescan automáticamente su contenido, puede ser imprescindible realizar este proceso para asegurarse de que la información visible en un momento concreto es la más actual.
  5. **Inicio**: Haciendo clic en este botón, el Explorer volverá a la página inicial que tenía programada, sea cual sea la página Web en la que se encuentre.
  6. **Búsqueda**: La activación de este comando abrirá una ventana paralela en la parte izquierda del

navegador. En ella, el usuario puede introducir una palabra o serie de palabras para realizar una búsqueda en la red sobre las páginas Web que contengan esos términos. Aunque, *a priori*, puede parecer muy útil, en la actualidad este botón ha quedado prácticamente obsoleto debido a la existencia de buscadores específicos que ofrecen estos servicios de una manera mucho más efectiva (Google, Yahoo, etc.).

7. **Favoritos**: La utilidad de este botón es la misma que la del menú que comentábamos anteriormente, con la diferencia de que, en este caso, la pantalla del Explorer se dividirá, apareciendo una paralela a la izquierda del monitor en la que se podrá observar el contenido de la carpeta en cuestión.
8. **Multimedia**: La gran variedad de elementos multimedia que se pueden visitar navegando por la red hace necesario que el usuario tenga programas específicos para reproducir archivos de audio o vídeo que le permitan ver aquellos contenidos solicitados. Por este motivo, Microsoft incluyó este botón en la última versión de su navegador, de manera que, al pulsarlo, se abre una ventana vertical a la izquierda de la pantalla en la que se puede observar el archivo multimedia seleccionado, sin la necesidad de abrir un programa aparte, ahorrando así, entre otras cosas, el gasto de recursos innecesarios. Además, el Explorer está configurado de inicio para que cuando el usuario haga clic directamente en alguno de los archivos en cuestión, el programa le pregunte si desea ver la reproducción en el navegador.
9. **Historial**: Navegar por la red es un escenario tan amplio que, cuando el usuario se mueve por ella para buscar algo en concreto, necesita visitar distintas páginas que enlazan con otras tantas, que a su vez tienen un link que les lleva al lugar deseado. Por ese motivo, al usuario le puede resultar muy complicado recordar esa página Web en la que se encontraba el contenido deseado. Por esta razón se creó el historial. Esta carpeta almacena por orden las últimas páginas visitadas por el equipo en los últimos días, de manera que si en cualquier momento el internauta desea volver a una página en concreto, no tiene más que pulsar el botón **Historial** en la barra del explorador y se abrirá una ventana vertical en la

zona izquierda de la pantalla. Todas las páginas Web que hayan sido visitadas aparecerán clasificadas automáticamente por el día en el que se accedió a ellas, aunque utilizando el comando **Ver** se puede clasificar por el sitio, por el más visitado o por el orden de visitas del día.
Una vez se ha elegido la ordenación deseada, las páginas visitadas aparecen en un listado, facilitando su acceso con un simple clic, sin necesidad de volver a realizar una búsqueda a través de varias páginas.
10. **Correo**: Este botón sólo es útil para aquellos usuarios que tengan una o varias cuentas de correo electrónico a través de Microsoft Outlook, programa que ya veremos más adelante. A través de este acceso directo, se puede leer el correo entrante, escribir un mensaje nuevo o enviar un vínculo o una página. Se trata de una opción que permite al internauta ahorrarse el proceso de abrir el propio Outlook, adelantando varios pasos.
11. **Imprimir**: En ocasiones, la información que se encuentra en la red puede ser requerida por el usuario en soporte papel, por lo que el Explorer incluye este acceso directo para que, siempre que el ordenador esté conectado a una impresora, la página Web pueda ser impresa.
12. **Editar**: Es un botón bastante complejo, en el que apenas vamos a detenernos. Ofrece la posibilidad de editar las páginas Web con distintos programas. Es un elemento útil para los diseñadores de Web, no para el usuario habitual.

- **Barra de direcciones**: Es totalmente imprescindible para el uso de Internet Explorer. Es el lugar donde el usuario ha de escribir la dirección que desea visitar. El procedimiento es bastante simple, ya que sólo se trata de escribir una dirección de un sitio válido y pulsar la tecla **Intro** o hacer clic en el botón **Ir**. Internet Explorer está configurado automáticamente para que siempre que el usuario escriba una dirección, ésta quede almacenada, de manera que la próxima vez que se escriban las primeras letras, el navegador la detecte y aparezca un listado con todas las direcciones visitadas que coinciden, ahorrando así tiempo en la escritura del sitio. Aunque pueda parecer, *a priori*, una opción algo inútil, lo cierto es que cuando el usuario utiliza varias páginas al mismo tiempo y tiene prisa por moverse rápido por la red, termina siendo de gran ayuda.

- **Barra de estado**: Esta barra suele venir activada por defecto y su utilidad es sólo de consulta. Su única misión es mostrar al usuario el estado en el que se encuentra el proceso de carga de la página solicitada o el nivel de seguridad que presenta.

Internet Explorer 7.0

A falta de la inminente aparición de la próxima beta de esta nueva versión de Internet Explorer al cierre de este manual, prevista para finales de 2005, podemos adelantar que las novedades más importantes con respecto a su antecesor serán las siguientes:

- **Navegación por pestañas** (al mismo estilo que navegadores como Opera, Netscape, Firefox...).
- **Mayor resistencia al *spyware***, así como soluciones de errores críticos.
- **Seguridad renovada** y aumentada en la ejecución de controles ActiveX, applets Java y scripts de todo tipo.

Netscape Navigator 8.0

Como hemos comentado al principio del capítulo, el primer navegador de todos los tiempos fue denominado Mosaic y, posteriormente, evolucionó hasta convertirse en Netscape Navigator.

Con el paso del tiempo, este programa quedó desplazado a favor de Internet Explorer y todos los datos parecían preconizar una paulatina desaparición. Sin embargo, la incipiente competencia en el sector, generada principalmente por Mozilla FireFox, lanzó al gigante estadounidense AOL Time Warner a la compra de esta compañía con el fin de relanzar su producto estrella.

Así, recientemente se ha presentado este Netscape Navigator 8.0 (véase la figura 4.8). Una versión totalmente renovada que, según sus fabricantes es un híbrido entre Internet Explorer y Mozilla Firefox, de quien usa su sistema más básico.

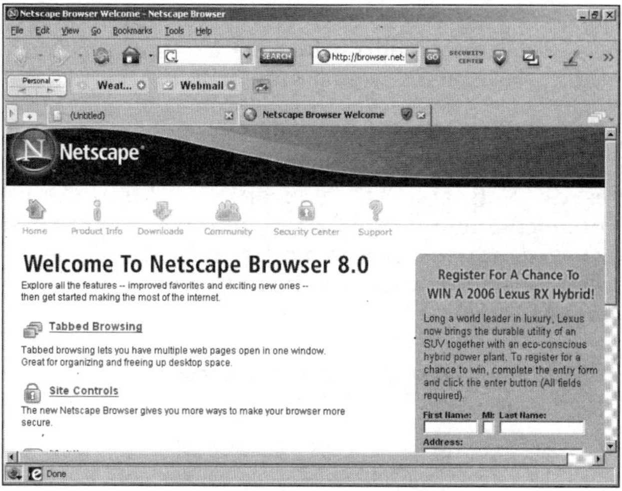

Figura 4.8. Netscape Navigator 8.0.

Así, Netscape presenta un producto con el que pretende atraer tanto a los usuarios habituales de Internet Explorer como a los nuevos usuarios de Firefox que, en general, son bastante reacios a utilizar servicios de Microsoft pero que se ven limitados por las incompatibilidades que aún hoy existen para los usuarios de Mozilla. Las características principales de esta nueva versión son las siguientes:

- **Navegación en pestañas**.
- **Seguridad avanzada**: Incluye la posibilidad de crear una lista de páginas Web seguras y en las que se puede confiar.
- ***Multibars***: Función que permite definir hasta diez barras de herramientas personalizadas y esconderlas en un sólo botón.
- ***Passcard***: Ofrece la posibilidad de guardar la información que introducimos a menudo en formularios y hacer que el navegador la escriba automáticamente por nosotros. Esta información puede guardarse con un alto nivel de seguridad y se puede transportar de un ordenador a otro.
- ***Live Content***: Nos permite tener información que se actualiza automáticamente en una pequeña ventana en nuestro navegador.
- **Interfaz configurable mediante *Skins***.

Quizás el gran avance que presenta este explorador es la capacidad de compatibilizar Internet Explorer y Firefox, ya que utiliza las grandes ventajas de ambos. Mientras que el popular navegador de Microsoft permite la visualización de todas las páginas de la Red, el de Mozilla ofrece garantías superiores en cuanto a la seguridad. Así, cuando se navega a través de Netscape 8.0, el propio explorador utiliza aleatoriamente uno u otro, según necesite comprobar si la página es segura o si necesita mostrar su contenido de forma correcta y sin fallos de compatibilidad, como se puede ver en la figura 4.9.

Figura 4.9. Elección de navegador.

Otra de las grandes características de esta nueva versión de Netscape es la navegación a través de pestañas, heredada de Firefox. Mediante este sistema, el usuario puede realizar distintas búsquedas simultáneas sin necesidad de abrir varias ventanas, pudiendo pasar de una a otra con un simple clic (véase la figura 4.10).

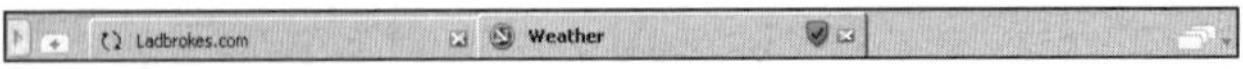

Figura 4.10. Navegación por pestañas.

Mozilla Firefox

El panorama tecnológico e informático está en constante evolución. Parece que la hora de los monopolios y de la era de

Microsoft está llegando a su fin. O, por lo menos, ésa es la idea de muchos programadores repartidos por todo el planeta que están creando un interesante entramado de programas de todo tipo denominados de código abierto.

Los programas de código abierto son aplicaciones de cualquier índole que los programadores crean sin ánimo de lucro y que reciben ese nombre porque su código fuente (su estructura de programación) es accesible a todo el que lo quiera ver, por lo que cualquiera puede modificarlo, añadir mejoras, o personalizarlo a su gusto.

Entre todos estos programas, hay que destacar sobremanera la aportación de Mozilla Firefox, un navegador de código abierto que, día a día, está consiguiendo muchos adeptos. Aquellos que lo prueban aseguran que su rendimiento es mucho mejor que el de Internet Explorer, más rápido y más eficaz.

La versión 1.0 de Mozilla Firefox se publicó a finales de 2004 y ha supuesto un hito para este tipo de software, al ser descargada por miles de usuarios en muy poco tiempo. La licencia de este producto es totalmente *freeware*, por lo que no hay que pagar ni un céntimo por utilizarlo.

Al cierre de este manual, la versión 1.04 (véase la figura 4.11) es la más extendida y se ha convertido en todo un referente para el sector en los últimos tiempos.

Figura 4.11. Página de Mozilla Firefox.

Las características más importantes de este soplo de aire fresco para el mundo de los navegadores son:

- Navegación con pestañas.
- Bloqueo de ventanas emergentes.
- Búsqueda integrada en Google.
- Aumento de seguridad con respecto a las vulnerabilidades de otros navegadores, como es el caso de las más conocidas de Internet Explorer.
- Marcadores dinámicos que permiten la lectura directa de titulares o páginas asociadas.
- Descarga de archivos directamente al escritorio para ahorrar pasos.
- Totalmente personalizable.

Lección 5

Correo electrónico

Uno de los máximos responsables del gran éxito y expansión de Internet en los últimos años ha sido, indudablemente, el correo electrónico.

Gracias a este nuevo modelo comunicacional, el hombre ha conseguido salvar las barreras del tiempo y el espacio y reducir enormemente los costes para hacer llegar sus mensajes.

Con el correo electrónico, cualquier persona que disponga de un ordenador o, incluso, un teléfono móvil, puede comunicarse con otra que se encuentre en casi cualquier parte del mundo y, además, adjuntar archivos, gráficos, fotografías o documentos sin apenas gastos. El correo electrónico (véase la figura 5.1) ha revolucionado las relaciones interpersonales que conocíamos y ha supuesto un avance sin parangón en las relaciones profesionales. Hoy en día, millones de correos electrónicos circulan por Internet en un suspiro conteniendo ingentes cantidades de información, sustituyendo en gran medida al correo tradicional, más costoso, incómodo y lento.

En las próximas líneas, vamos a realizar una aproximación a las dos formas utilizadas de forma generalizada para enviar correos electrónicos.

Correo electrónico POP

Se denomina de esta manera a las cuentas de correo electrónico gestionadas a través de programas cliente que conectan con servidores de correo. Gracias a la utilización de software especializado, el cliente puede gestionar sus e-mail de la forma más sencilla, al mismo tiempo que puede actualizar su agenda o tener bien controlados sus contactos. Habitualmente, se utiliza este tipo de programas como si de una agenda personal se tratara.

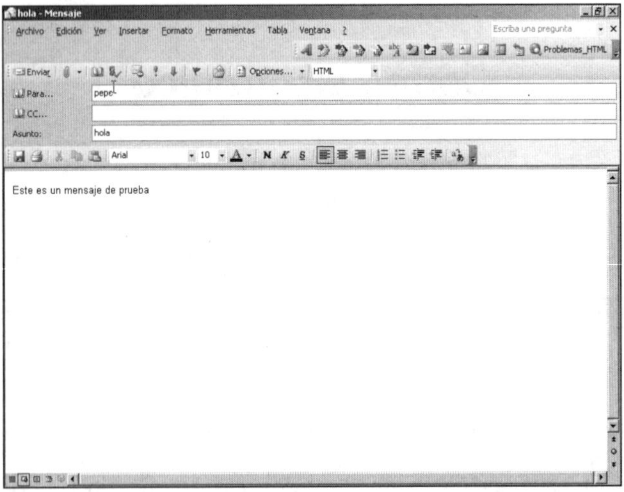

Figura 5.1. Ejemplo de correo electrónico.

A continuación, vamos a realizar una breve aproximación a los dos más populares, haciendo hincapié en el primero de ellos, ya que es, sin duda, el gestor de correo electrónico más utilizado en todo el mundo.

Microsoft Outlook 2003

Es el hermano mayor de Outlook Express (incluido con Windows XP) y su funcionamiento es muy parecido aunque dispone de bastantes más opciones. Se incluye en la suite Microsoft Office 2003 y su configuración es bastante fácil de realizar. Por último, aunque no por ello menos importante, es muy simple de usar, con él podrá realizar cualquier tipo de acción relacionada con el correo electrónico que se le pase por la cabeza.

Configuración de una cuenta de correo

Una vez iniciado Windows, si dispone de una conexión a Internet y de una cuenta de correo, podrá configurar Outlook

2003 para comenzar a utilizarlo de inmediato. El modo de configurar la cuenta es simple, con un sencillo asistente lo hará en pocos minutos.

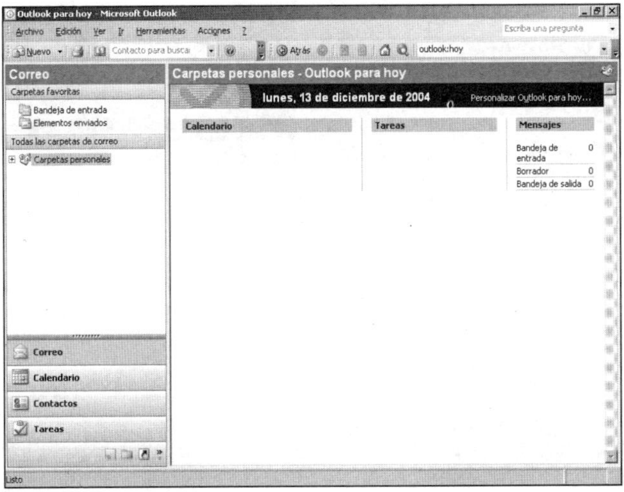

Figura 5.2. Microsoft Outlook 2003.

El modo de actuar es el siguiente:

- Inicie Microsoft Outlook 2003 y espere a tener a la vista la ventana principal del gestor (figura 5.2). Después, en la barra de herramientas superior (véase la figura 5.3), haga clic sobre Herramientas>Cuentas de correo electrónico y aparecerá una ventana igual a la de la figura 5.4.
- Ahora, haga clic sobre el botón **Agregar una nueva cuenta de correo electrónico** para comenzar con el asistente de configuración de cuenta.
  En la siguiente ventana deberá seleccionar POP3 (véase la figura 5.5) para poder configurar correctamente su buzón de correo electrónico o, en caso de querer realizar el proceso de sincronización con una cuenta de correo Web como puede ser la de Hotmail, seleccione HTTP. Una vez seleccionado, haga clic en **Siguiente**.

El siguiente paso es fundamental para completar con éxito este asistente. Para poder conseguir una instalación exitosa, es totalmente imprescindible introducir correctamente los datos que aparecen en la figura 5.6. Para ello es necesario que tenga todos los datos que se le solicitan y que le habrá facilitado su proveedor.

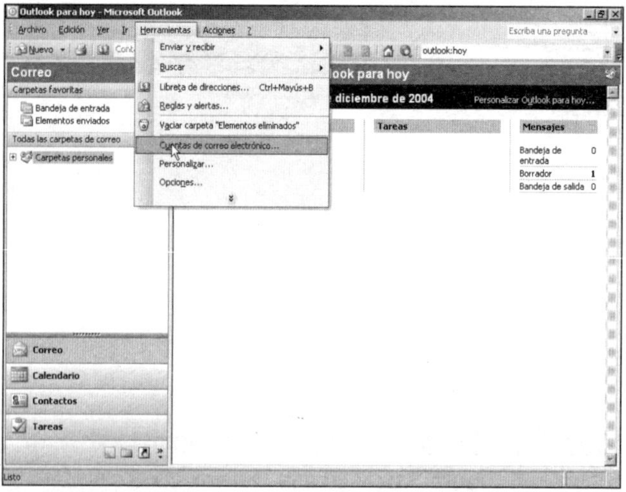

Figura 5.3. Asistente para la creación de una cuenta.

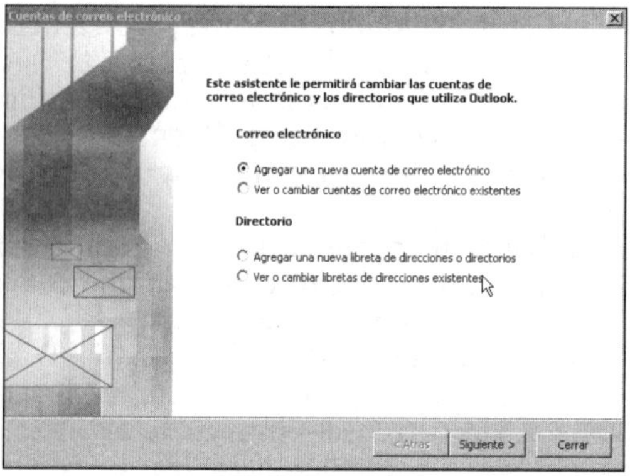

Figura 5.4. Seleccionar nueva cuenta de correo.

Después de completar estos sencillos pasos, el Asistente finalizará y podrá comenzar a utilizar correctamente Microsoft Outlook.

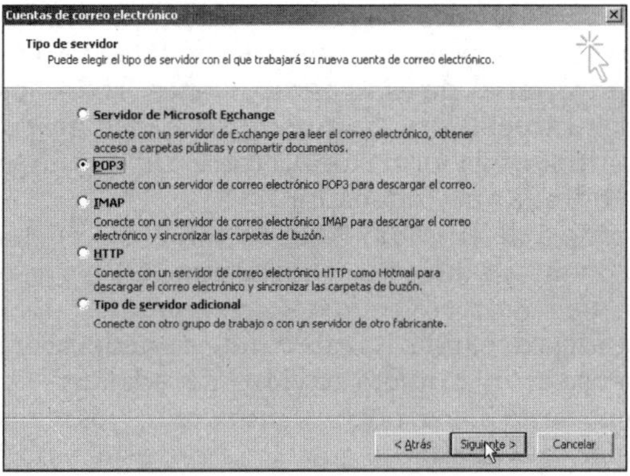

Figura 5.5. Cuenta POP3.

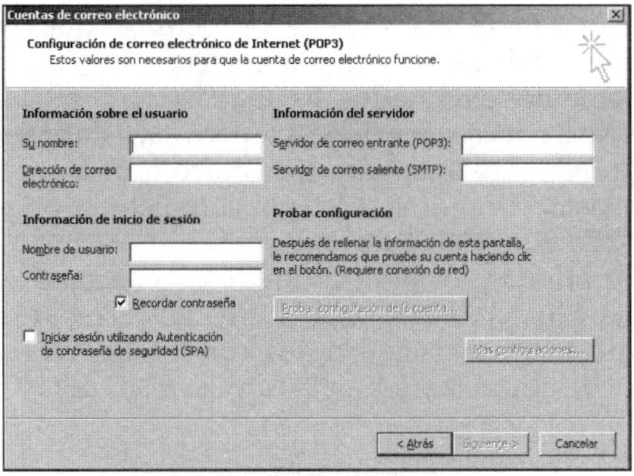

Figura 5.6. Configuración de cuenta.

Ventanas principales

El programa ofrece varias opciones para leer, organizar y enviar el correo electrónico. Dependiendo de en qué carpeta esté, la ventana principal de Outlook 2003 se dividirá en dos o tres partes. El panel que siempre verá (a menos que lo elimine) será la lista de carpetas (figura 5.7), a la izquierda. Existen una serie de carpetas obligadas que no se pueden eliminar ni modificar:

- **Outlook**: Es la raíz del árbol de carpetas. Su misión es contener todas las cuentas de correo electrónico que tenga instaladas.

- **Carpetas locales**: Es la agrupación que simboliza una cuenta de correo de tipo POP. Si tiene varias cuentas tendrá varias de estas agrupaciones. Todos los mensajes y carpetas que haya dentro de este grupo estarán guardados de forma local, en el equipo, y no se podrán leer desde otro ordenador.
- **Bandeja de entrada**: Aquí se van almacenando todos los mensajes de correo de la cuenta POP correspondiente que vaya recibiendo del servidor.
- **Bandeja de salida**: En esta bandeja puede dejar aquellos mensajes que quiere enviar más adelante. Así, si no tiene tarifa plana, puede escribir todos los mensajes que quiera enviar, los va guardando en esta bandeja y más tarde, al conectarse, le dice a Outlook 2003 que los envíe todos juntos, ahorrando en la factura del teléfono.
- **Elementos enviados**: Está configurado por defecto el guardado de una copia de los mensajes que consiguen ser enviados al servidor de correo.
- **Elementos eliminados**: Es una carpeta como la Papelera de Reciclaje de Windows, pero sin estar relacionada con ella. Los mensajes que borre irán a parar a esta carpeta. Para eliminarlos por completo, lo puede hacer desde esta misma carpeta.
- **Borrador**: Si por algún motivo está redactando un mensaje y lo deja a medias, o si crea un correo de plantilla para luego redactar varios correos basándose en él, puede almacenarlos en la carpeta Borrador.

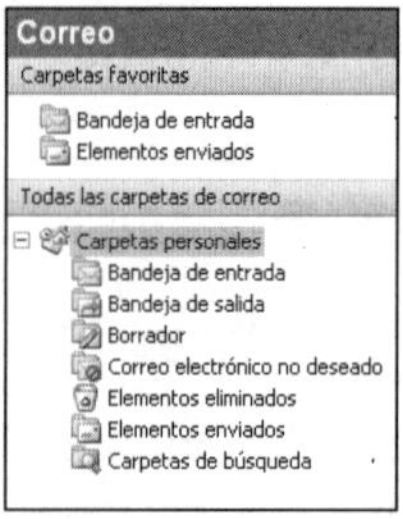

Figura 5.7. Árbol de carpetas en Outlook.

Si están seleccionadas algunas de las carpetas que almacenan mensajes (como las 5 últimas comentadas), la sección derecha de la ventana de Outlook se dividirá en dos paneles horizontales más: el superior, donde aparece una lista con los mensajes almacenados en la carpeta seleccionada, y el inferior, con el contenido del mensaje seleccionado.

En el panel de la lista de mensajes (el superior), cada fila de la lista está dividida en diferentes columnas, que se pueden ocultar o cambiar de orden. Según viene configurado Outlook 2003 por defecto, las columnas, de izquierda a derecha, son:

- **Prioridad**: Cuando se manda un mensaje, se le puede indicar al destinatario la importancia del mismo, mediante la prioridad. Si la prioridad es alta, aparece un signo de admiración en esta columna, indicando que el mensaje es urgente. Si, por lo contrario, la prioridad es baja, se indica con una flecha hacia abajo y quiere decir que lo puede leer más tarde.
- **Datos adjuntos**: Aparecerá el icono de un clip si el mensaje trae con él archivos adjuntos.
- **Marca**: Es una columna que le permite marcar aquellos mensajes que considere importantes. Luego es posible ordenarlos por esta marca y tener agrupados aquellos que necesite destacar de los demás.
- **De**: Aparece el nombre del remitente (a veces la dirección de correo electrónico).
- **Asunto**: Es el título del mensaje, una pequeña descripción de su contenido o de su finalidad.
- **Recibido**: Es la fecha y la hora en las que su servidor de correo recibió el mensaje. No es la hora a la que lee el mensaje ni la hora a la que el remitente envió el mensaje.

Para configurar qué mensajes se ven, en qué orden y con qué tamaño, abra el cuadro de diálogo Columnas, en Ver>Columnas, o haga clic con el botón derecho del ratón en la cabecera de la lista de mensajes (con los títulos) y seleccione Columnas en el menú contextual.

En la mayoría de las listas con cabecera de los programas para Windows, al hacer clic en el título de una columna, ésta se ordena en orden ascendente por su contenido. Si hace clic por segunda vez, se invierte el orden. Además, si arrastra un título a otro lugar, cambiará de sitio.

El panel inferior es el de la vista preliminar del mensaje. Aparecerá el contenido de aquel mensaje que esté seleccionado en la lista de mensajes superior. En la figura 5.8 vemos el contenido de un mensaje en su panel de vista preliminar.

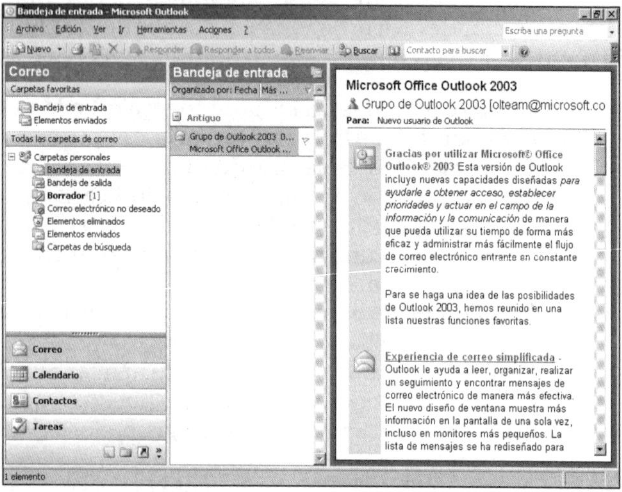

Figura 5.8. Panel de vista preliminar.

Redactar un mensaje

A la hora de redactar un mensaje, hay que tener en cuenta que no necesita estar conectado para ello. Lo puede escribir y mandar luego más adelante, sobre todo si no dispone de tarifa plana.

Los mensajes de correo electrónico también han cambiado mucho. Antiguamente sólo era texto sin formato ninguno (texto plano); lo necesario para mandar información básica. Hoy en día, se ha añadido el lenguaje de creación de páginas Web HTML para crear mensajes con una gran riqueza visual, con imágenes, estilos, colores, tablas, etc. De hecho, lo normal es que se diseñe primero un documento como si fuese una página Web y luego se mande mediante correo electrónico.

Para la redacción de un mensaje:

- Haga clic en la barra de herramientas, en el botón **Nuevo mensaje**.
  Le aparecerá una nueva ventana como en la figura 5.9. Si en lugar de hacer clic en el botón, lo hace en su menú desplegable, pegado a su derecha, podrá elegir un dise-

ño de fondo predeterminado, elegir uno del disco duro o crear el suyo propio como si fuese una página Web. Así, su correo tendrá más vistosidad.

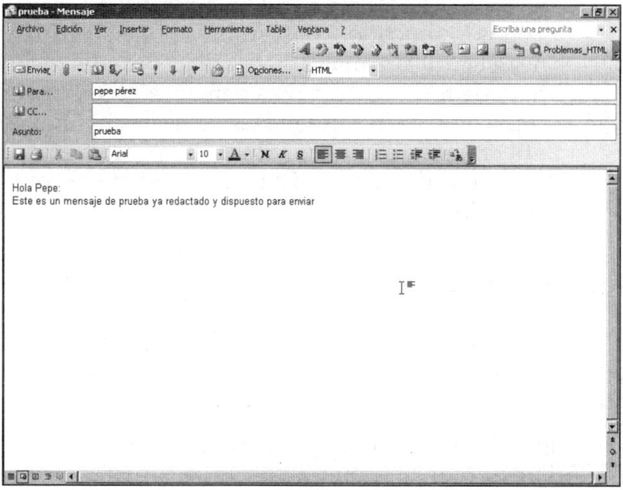

Figura 5.9. Cuadro de diálogo Nuevo Mensaje.

- Una vez que esté en la ventana Mensaje Nuevo, debe escribir en los siguientes cuadros de texto:
  1. **Para**: Aquí debe escribir el destinatario de su mensaje, una dirección de correo válida. Por ejemplo: marian@latinmail.com. Se pueden escribir varios destinatarios, separados por coma, punto y coma (;) o en nuevas líneas, pulsando la tecla **Intro**.
  2. **CC**: Se escriben los destinatarios a los que quiere enviar una copia del mensaje original. Se deben separar con coma, punto y coma (;) o con saltos de línea pulsando **Intro**. Las personas que reciban cada copia también recibirán una copia de la lista **CC** y de la lista **Para**.
  3. **Asunto**: Es la cabecera del mensaje, el primer texto que se ve cuando se recibe el correo. No debe ser muy largo y debe indicar el motivo del mensaje, o simplemente puede ser un saludo.
  4. **Panel de vista previa**: Es el cuadro de texto de múltiples líneas de más abajo, donde debe escribir su mensaje. Se trata en realidad de un pequeño

editor HTML, como las páginas Web, pues no sólo se escribe texto plano, sino que se le puede dar formato, incrustar imágenes, etc.
Existe otro cuadro que no se ve en un principio, llamado CCO. Para verlo hay que seleccionar Ver> Todos los encabezados. Aquí se ponen las direcciones a las que se quiere enviar una copia del mensaje, pero de forma oculta. Las personas que reciban esa copia no sabrán a quién más se les ha enviado. Muy útil en casos como enviar un CV a varias empresas sin que cada una de ellas sepa a quién más se le ha enviado.

Adjuntar archivos

Como ya dijimos en el primer capítulo, al mensaje se le pueden añadir archivos de cualquier tipo. A esta acción se le denomina Adjuntar y para conseguirlo:

- Haga clic en la barra de herramientas, en el botón **Adjuntar** (con un icono en forma de clip) o en Insertar> Archivo adjunto.
- Para elegir el archivo o los archivos que se quieren adjuntar, aparece el cuadro de diálogo del sistema de archivos de Windows.
- Debajo del cuadro Asunto: aparecerá otro, llamado Adjuntar, con la lista de archivos que ha ido seleccionando. Si se arrepiente y desea eliminar alguno, selecciónelo y pulse **Supr**.
- Si quiere añadir más archivos, repita el proceso desde el primer paso.

Configurar el envío de mensajes

En la configuración del programa, hay una ficha exclusivamente para modificar las opciones de envío. Para que aparezca esta ficha, en la figura 5.10, seleccione Herramientas> Opciones>Configuración de correo>Enviar y recibir.

Enviar el mensaje

Para acabar, una vez escrito el mensaje, haga clic sobre el botón **Enviar** de la barra de herramientas. Esto hará que el mensaje se deposite en la bandeja de salida. Si tiene la conexión a Internet abierta, Outlook 2003 intentará enviar el correo de manera instantánea. Si no está conectado, lo deja almacenado en la misma carpeta y cuando detecte la conexión, le preguntará si desea enviar los elementos de la Bandeja de salida.

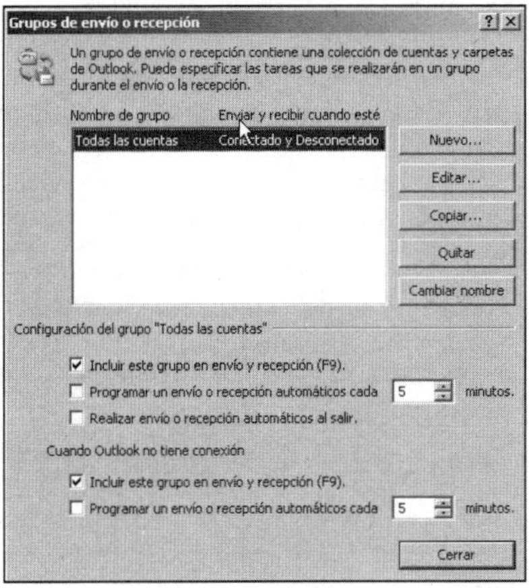

Figura 5.10. Cuadro de diálogo Grupos de envío o recepción de Outlook 2003.

Leer el correo

Para leer el correo del buzón en su servidor, existen varias posibilidades:

- Hacer clic en el botón **Enviar y Recibir** de la barra de herramientas.
- Acceder a Herramientas>Enviar y Recibir>Recibir todo. Aparecerá un cuadro de diálogo informativo, indicándole los procesos que se están llevando a cabo y un indicador de cuánto falta para recibir todo el correo.

Una vez recibido el correo, puede leer un mensaje haciendo clic en la cabecera de éste y su contenido aparecerá en el panel de vista previa.

A los 5 segundos de haberlo seleccionado, el mensaje pasará a marcarse como "leído", quitándose el estilo de letra negrita.

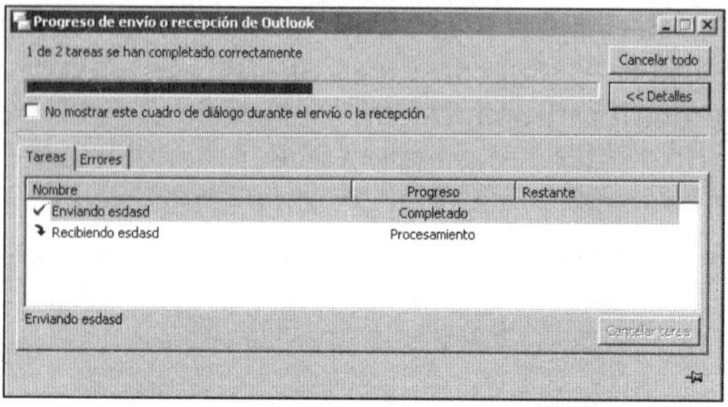

Figura 5.11. Enviar y recibir con Outlook.

> *Para una lectura más fácil, si hace doble clic sobre la cabecera de un mensaje de la lista, el interior de éste aparecerá en una ventana nueva. Para más información, si hay mensajes nuevos (no leídos), la carpeta* Bandeja de entrada *aparecerá con tipografía en negrita y con el número de mensajes nuevos que faltan por leer entre paréntesis.*

Abrir archivos adjuntos

El mensaje que reciba puede tener archivos adjuntos. Para abrirlos o guardarlos, en la ventana de mensaje, haga clic en el botón con forma de clip situado en el lado derecho de la cabecera. Ahí le aparecerá un pequeño menú con una lista de los archivos adjuntos y la opción Guardar datos adjuntos. Hacer clic en algunos de los elementos de la lista es como hacerlo en un hipervínculo de una página Web: le aparecerá el típico diálogo, preguntándole si quiere abrir el archivo en su ubicación original o guardarlo en el disco directamente.

Más opciones de lectura de correo

En la ficha Leer de la configuración, en Herramientas> Opciones, tiene en el apartado Mensaje como opciones más importantes:

- Los segundos de espera desde que un mensaje es leído hasta que se le da el estado de Mensaje leído, en la primera casilla de verificación.

- Si los mensajes reciben respuestas y a su vez éstas se responden, todos ellos se agrupan. Se pueden expandir en forma de árbol automáticamente, activando la casilla de verificación Expandir automáticamente los mensajes agrupados.
- Si desactiva la casilla Descargar automáticamente al verlo en la vista previa, evitará que nada más entrar en cualquier bandeja, al seleccionarse el primer mensaje nuevo, se vea de forma automática. En su lugar aparecerá en el panel de vista previa un texto que indica que no se descargó el mensaje todavía y le insta a hacerlo, pulsando el espacio o haciendo clic en el hipervínculo **Aquí**.

Responder al correo

Es común que, al recibir un correo de alguien conocido, desee responderle. Para ello, seleccione el mensaje que quiere responder y, en la barra de herramientas, tendrá los botones:

- **Responder**: Abre la ventana de redacción Mensaje nuevo con la dirección del remitente en el cuadro Para:
- **Responder a todos**: Aparece la misma ventana, con la dirección del remitente en el cuadro Para: y las direcciones de la lista CC: en el cuadro del mismo nombre, en caso de que exista tal lista.
- **Reenviar**: En la misma ventana, no aparece ningún destinatario, sólo el contenido del mensaje seleccionado.

En los tres casos, con la configuración por defecto del programa, se copia el contenido del mensaje que se va a responder o reenviar y se le añade el carácter>delante de cada línea, para diferenciar el texto del mensaje original del texto que se va a escribir.

Organización: Las carpetas

Como la carpeta Bandeja de entrada es insuficiente para almacenar el correo de varios destinatarios y categorías, lo ideal es crear carpetas definidas por el usuario, que pueden cambiarse de nombre, eliminarse y crearse unas dentro de otras. Se pueden crear por categorías (trabajo, familiares, amigos, etc.), por nombres de remitentes, o por las dos cosas.

Lo importante es no mezclar mensajes, porque aunque al principio parezca que son pocos, más tarde, según se vayan acumulando, será difícil buscar y recuperar uno en concreto.

Para crear una nueva carpeta (figura 5.12):

- Haga clic con el botón derecho en la carpeta en la que desea incluirla y seleccione la opción Nueva Carpeta (o seleccione Archivo>Nuevo>Carpeta).
- En el cuadro de diálogo que aparece, escriba el nombre de la carpeta. Si desea que el contenedor de la carpeta sea otra distinta de la seleccionada, haga clic en una de las que aparecen en el árbol inferior.

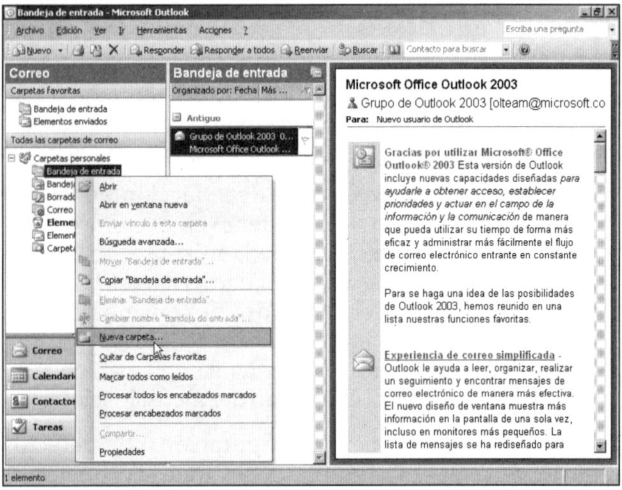

Figura 5.12. Diálogo para crear una nueva carpeta.

Guardar los mensajes

Los mensajes que lea de las carpetas locales ya están guardados previamente en el disco duro de su ordenador. Si desea guardar un mensaje en algún otro soporte (un disquete, por ejemplo), no podrá recuperarlo directamente donde esté guardado, pues cada mensaje no se corresponde con un archivo. Son las carpetas las que se guardan en archivos que sólo Outlook 2003 es capaz de leer.

Imprimir

Es normal que desee imprimir aquel mensaje de trabajo importante con los últimos cambios sobre un proyecto y releerlo con más calma en papel, o dejar impreso un mensaje enviado por una persona especial. Sea por el motivo que sea, siempre tiene la posibilidad de imprimir el contenido de un mensaje.

Las formas de conseguirlo son varias, pero las habituales son seleccionar primero el mensaje (o mensajes) de la lista de mensajes de una carpeta y hacer clic con el botón derecho en la opción Imprimir. También se puede ir a Archivo>Imprimir o pulsar la combinación de teclas **Control-P**.

En el cuadro de diálogo que aparecerá, existen estas opciones:

En el área Impresora, tiene la posibilidad de:

- En la lista desplegable Nombre elija la impresora con la que quiere imprimir (en una oficina es normal tener varias impresoras configuradas, estén conectadas a su equipo o a la red local).
- Mediante el botón **Propiedades**, accede a la configuración de impresión, que depende exclusivamente del modelo y del fabricante de la impresora.
- Imprima en un archivo, para que se pueda más tarde imprimir desde otro ordenador.

  En el área Intervalos de impresión, elija si quiere imprimir todas las páginas que ocupará el mensaje en papel, o sólo un rango de páginas indicado. Si tiene parte del mensaje seleccionado, puede imprimir sólo esa selección.

En el área Copias, indique el número de copias que quiere imprimir. Lo normal es imprimir una copia detrás de otra, pero si tiene un organizador en la impresora, puede intercalarlas, o sea, que aparezcan todas las primeras páginas juntas, luego las segundas, etc.

Si el mensaje es un documento Web con marcos, en el área Imprimir Marcos, se puede imprimir de diferentes maneras:

- Como si no hubiera marcos, con el aspecto global del documento Web del mensaje.
- El marco que esté activo, para lo cual tiene que hacer clic en alguna parte del marco.
- Todos los marcos por separado, cada uno en una página independiente.

Por último, fuera de toda área, elija si quiere imprimir los documentos vinculados a las direcciones de todos los hipervínculos que almacena el documento Web que forma ese mensaje.

También elija si quiere imprimir la lista de esas direcciones. Para ello, debe activar las casillas de verificación Imprimir documentos vinculados e Imprimir tabla de vínculos, respectivamente.

Libreta de direcciones

Es lo más parecido a una agenda telefónica convencional, con la diferencia de que en ella los teléfonos se sustituyen por direcciones de correo electrónico. Gracias a ella, puede escribir mensajes a las personas que conoce sin tener que acordarse de sus direcciones, sólo de sus nombres.

> *En la libreta de direcciones, la ficha de una persona puede almacenar mucha más información que su nombre y su dirección de correo electrónico (su teléfono, por ejemplo). Pero por motivos de contenido de este manual, nos centraremos en recordar sólo direcciones de correo. La manera más rápida de insertar direcciones es responder a un mensaje. De forma predeterminada, Outlook 2003 guarda la dirección del remitente del mensaje en la libreta. Si no le quiere responder pero, aún así, quiere memorizar su dirección, en la lista de mensajes seleccione el mensaje en particular, haga clic con el botón derecho y elija* Agregar remitente a la Libreta de direcciones *(también está disponible esta opción en el menú* Herramientas*). Ahora, gracias a las direcciones almacenadas, es más fácil redactar un mensaje nuevo. En la ventana de redacción* Mensaje nuevo*:*

- Escriba las primeras letras del nombre del destinatario en los cuadros Para o CC. Irán apareciendo nombres que se corresponden con los almacenados en la libreta. Al ver el nombre deseado, basta con pulsar **Intro** o avanzar al siguiente cuadro.

O bien:

- Haga clic en el botón **Para** o **CC**, así abrirá el cuadro de diálogo Seleccionar destinatarios.
- Escriba en el cuadro de texto las letras del nombre de la persona a la que quiere escribir o búsquelo en la lista inferior y selecciónelo.
- Haga clic en los botones **Para**, **CC** o **CCO** y verá cómo el nombre de la lista se copia en su respectivo cuadro de texto.
- Haga clic en **Aceptar** o pulse **Intro**. Los destinatarios aparecen en los cuadros de texto correspondientes de la ventana Mensaje nuevo.

Correo Web

Si bien es cierto que muchas personas continúan utilizando Outlook u otro tipo de programas similares que permiten guardar ordenadamente todos los mensajes de correo electrónicos, al tiempo que permiten sincronizarlos con la agenda y el resto de interesantes opciones que ofrecen esas aplicaciones, hay que dejar claro que en los últimos años el número de cuentas de correo Web ha aumentado enormemente.

Y es que la mayoría de los proveedores de servicios de acceso a Internet ofrecen como regalo de bienvenida un número indeterminado de cuentas y, aunque pueden configurarse para leerse a través de programas como Outlook, a la hora de la verdad muchos usuarios prefieren ahorrarse esos pasos y mantienen la cuenta original. La característica principal del correo Web es su simplicidad. Cualquier usuario acostumbrado a navegar por la red ve en este tipo de cuentas una ampliación de sus horas de conexión ya que su uso es similar al de cualquier otro tipo de página, simulando links y enlaces a otras páginas mientras uno se mueve por su buzón.

Como gran ventaja frente al correo POP3 hay que señalar que en este tipo de cuentas es el usuario quien decide los mensajes que desea descargar al ordenador, siendo, por tanto, altamente recomendado para conexiones lentas o no sujetas a tarifas planas. Porque la gran desventaja del correo POP3 es que hay que descargarse todos los archivos, independientemente de su peso y sin conocer su contenido.

En plena era del correo indiscriminado y del spam, es bastante molesto descargarse toneladas de basura que no hacen más que quitar tiempo y espacio en el buzón.

Así se puede explicar el éxito de todas las empresas que ofrecen servicios de buzón de correo electrónico a través de Webmail de forma totalmente gratuita.

La batalla de los proveedores

Microsoft, gracias a Hotmail y Yahoo han protagonizado en las últimas fechas un encarnizado duelo por hacerse con el mayor número de usuarios posible a través de sus servicios de correo electrónico.

Potenciando la relación entre sus respectivos sistemas de mensajería instantánea y todo tipo de aplicaciones paralelas, junto con la necesidad de crear una cuenta de correo electrónico con ellos, habían logrado inteligentemente hacerse con un altísimo nivel de usuarios registrados.

Así, es muy difícil encontrar un internauta que no posea una cuenta con algunos de estos dos proveedores o, en muchos casos, con los dos.

Sin embargo, ambos querían más. A sabiendas de lo importante que resulta el correo electrónico en la vida cotidiana, tanto para las relaciones personales como para las laborales, estas dos compañías estaban pensando seriamente en la posibilidad de obligar a sus usuarios a pagar por sus servicios.

Aunque ya existía este tipo de cuentas "Premium", la mayor parte de los aficionados a la red no estaba dispuesto a pagar por un servicio que desde hacía mucho tiempo era gratuito. Por eso, el mundo cibernético estaba con la mosca detrás de la oreja esperando que este día nunca llegara y que estos dos monstruos de la informática rectificaran.

Afortunadamente, cuando nadie se lo esperaba, Google irrumpió sorprendentemente y revolucionó el panorama con un espectacular golpe de efecto que sorprendió a propios y extraños.

Esta compañía, líder sin discusión en el mundo de los buscadores, se decidió a meterse de lleno también en los servicios de correo electrónico y revolucionó el mercado cuando comenzó a hablar de *Gmail* (figura 5.13).

Hasta este momento, las cuentas de sus máximos competidores, Hotmail y Yahoo, apenas tenían una capacidad de almacenamiento de uno o dos megas, por lo que se hacía muy difícil recibir determinados mensajes y los buzones se saturaban con facilidad.

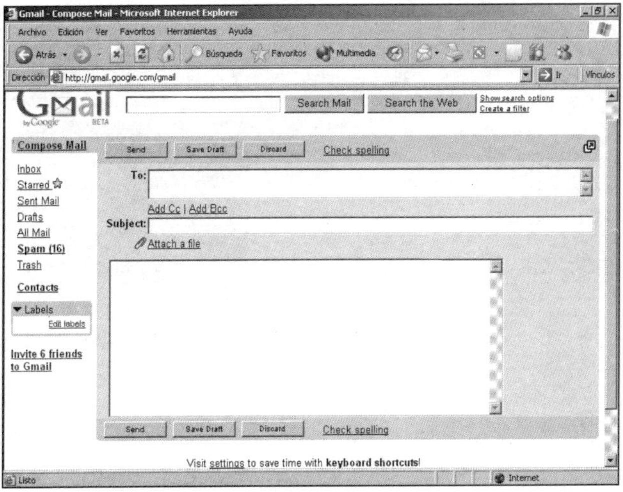

Figura 5.13. El revolucionario Gmail.

Así, cuando Google confirmó su intención de lanzar *Gmail* de manera totalmente gratuita y explicó que se trataba de una cuenta de correo electrónico de un giga de capacidad, con posibilidad de adjuntar archivos en los mensajes de hasta 10 Mb, el mundo del ciberespacio no se lo podía creer.

Se trataba de multiplicar por 500 lo que entonces existía y muchos creyeron que se trataba de una broma de mal gusto.

Pero nada más lejos de la realidad. Hoy en día, la versión inicial de *Gmail* está funcionando y unos cuantos privilegiados pueden utilizarla. Para ello, es necesario recibir una invitación por parte de otro usuario que lo esté utilizando.

Además, por si fuera poco, la capacidad de estas cuentas del nuevo fenómeno de Google ha aumentado ya hasta 2 Mb y sus responsables aseguran que sigue en expansión.

Yahoo y Hotmail (figura 5.14), sobrepasadas por la iniciativa y en vista de que podrían perder su excelente situación en el mercado, no tardaron en reaccionar y cambiaron su estrategia. Su idea de cobrar por el correo electrónico ha quedado aparcada (salvo para servicios muy especiales) y ambas compañías han ampliado ya la capacidad de sus buzones de correo a finales de 2004. Así, hoy en día, Yahoo y Hotmail (que ha tardado más en dar el paso) ya ofrecen 250 Mb de capacidad de almacenaje, por lo que los usuarios pueden despreocuparse de tener que vaciar constantemente su cuenta para evitar que se sature y se devuelvan los mensajes.

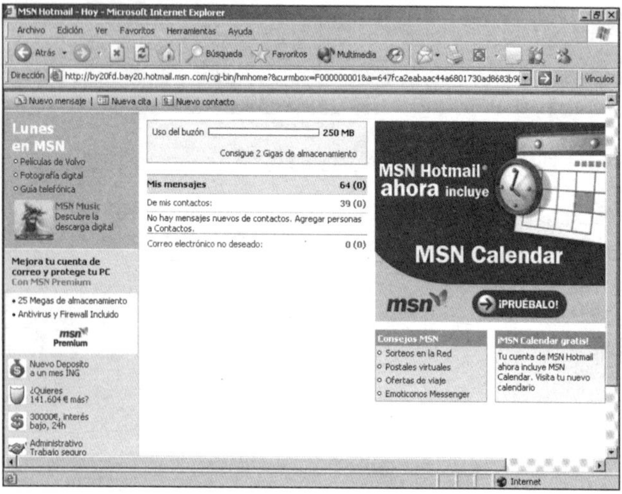

Figura 5.14. Hotmail, ampliado hasta 250 Mb.

Y es que, como suele ser habitual, la competencia siempre favorece al usuario. La revolución iniciada por Google y *Gmail* ha permitido que cualquier persona pueda tener un buzón de correo para toda la vida con unas capacidades de almacenamiento y de envío de archivos adjuntos que hasta hace poco tiempo eran impensables.

Internet evoluciona conforme a las necesidades de sus usuarios y, lógicamente, éste era un paso necesario.

La evolución tecnológica ha hecho posible que la clase media mundial pueda aprovecharse de las enormes ventajas que genera y, a día de hoy, millones de personas intercambian archivos como imágenes, fotografías hechas con cámaras digitales, vídeos o archivos musicales que ocupan suficiente espacio como para que antes fuera una odisea enviárselas a familiares y amigos. Gracias a la valentía de Google y a la reacción positiva de sus competidores, el camino ha comenzado a allanarse.

Lección 6

Mensajería instantánea

Introducción

La mensajería instantánea es otra de las grandes funcionalidades de Internet. Si el correo electrónico ha servido para dar fama global a este nuevo fenómeno comunicativo, la mensajería Internet ha afianzado el liderazgo de la Red como proceso comunicacional. Y es que son muchas las personas que comienzan a interesarse verdaderamente por Internet gracias a su aproximación al mundo de la mensajería. Quién no ha oído hablar del Messenger. Gracias a este tipo de programas, estudiantes, amigos, compañeros de trabajo, profesionales de todo tipo de sectores o empresarios, han conseguido un sistema barato, rápido, instantáneo y sencillo para transmitir información en tiempo real sin tener en cuenta la distancia entre los dos actores de la comunicación. La posibilidad de poder hablar, por escrito o por viva voz, con una o con varias personas al mismo tiempo, a través de estos programas y, al mismo tiempo, poder enviar archivos adjuntos, ha revolucionado el modelo de comunicación.

Historia de la mensajería instantánea

El primer sistema de comunicación a través de mensajería instantánea apareció en Estados Unidos a principios de la década de los 90. El MIT desarrolló un sistema sólo accesible a través de las universidades y centros de investigación denominado Zephyr, que permitía entablar conversaciones con los contactos deseados y conocer la disponibilidad de los mismos.

Así pues, queda claro que los principios básicos de los programas que utilizamos hoy en día no difieren demasiado de los de sus predecesores.

En estos primeros años, Internet no era aún un servicio público, sino que se trataba de un elemento de acceso exclusivo para educadores, militares o miembros del Gobierno, por lo que este tipo de aplicaciones apenas se conocía a nivel particular.

En 1996, la aparición de la primera versión beta (de prueba, con posibles fallos) del programa ICQ revolucionó el mercado. La idea de ICQ estaba clara: ofrecer un programa que permitiera a todos los usuarios de Internet, independientemente del lugar en el que se encontraran, comunicarse con otros que dispusieran de una conexión a la red y del mismo programa. De esta manera, gracias a ICQ, este sistema de comunicación se acercó a los hogares; abandonó su exclusividad y se convirtió en el primer sistema de comunicación instantánea para uso particular.

En poco más de un año, los resultados de ICQ asombraban al mundo empresarial informático. Cientos de miles de personas utilizaban estos servicios para contactar con amigos o compañeros de trabajo. *America On Line* (AOL), una de las grandes empresas americanas del sector, vio en estos nuevos servicios un filón para obtener dinero y lanzó su propio servicio. Sin embargo, la competencia con ICQ era muy dura y, tras un tiempo siguiendo su estela, se decidió a hacerse con sus servicios. El pez gordo adquiría al pez chico, pero mantenía su producto paralelo. Dos comensales para un mismo pastel. Ingeniosa forma de aglutinar beneficios. Eso sí, el menú no salió barato: 287 millones de dólares.

Todo pintaba muy bien para este gigante multimedia cuando Microsoft, en su tardío interés por adentrarse en Internet, decidió lanzarse a la conquista de este incipiente mercado y lanzó su MSN Messenger. Como ocurre con casi todos los productos de Bill Gates, que están incluidos en los paquetes de Windows, la distribución de este programa por todo el mundo no tardó en ser generalizada. Mientras, Yahoo, otra de las grandes empresas informáticas, también se decidió a ocupar parte del territorio comanche y lanzó su propia aplicación.

Estas cuatro aplicaciones configuran el mapa actual del mercado de los programas de mensajería instantánea más utilizados en todo el mundo.

Mientras que AOL (sumando los usuarios de su Instant Messenger y los de ICQ) domina el panorama norteamericano, Microsoft es líder indiscutible en el resto del mundo con su MSN Messenger y Yahoo se reparte millones de usuarios por todo el mundo.

En España, a pesar de que ICQ caló hondo en multitud de personas que comenzaron a dar sus primeros pasos por la red, el programa de Microsoft se ha convertido, sin lugar a dudas, en el dueño y señor de un mercado que cada vez tiene más adeptos.

AOL Instant Messenger

Este programa apenas es conocido en España. Como ya hemos comentado, se trata de la apuesta de la multinacional America On Line y es uno de los programas más descargados en el continente americano. Cuenta con la ventaja de ser un producto diseñado por y para estadounidenses, lo que, sumado al prestigio de la compañía, le otorga una gran cuota de mercado en su país de origen.

Para descargarse esta aplicación, no hay más que visitar la página Web de la compañía y visitar la sección de descargas: www.aol.com.

La última versión disponible, por el momento, de este completo programa de mensajería instantánea es la 5.5 del AOL Instant Messenger.

ICQ

Este producto cuenta con el principal valor de ser pionero en su sector. Esta humilde compañía consiguió rápidamente pasar a la historia como uno de los primeros negocios multimillonarios del mundo de Internet, gracias a la absorción sufrida por parte de AOL.

En España, este programa consiguió bastantes usuarios cuando las primeras conexiones a Internet llegaban a los hogares particulares. Por aquel entonces, ICQ se distribuyó por los ordenadores españoles como la espuma, gracias al "boca a boca" y al especial interés de los primeros internautas nacionales en utilizar un programa que no estuviera firmado por Microsoft.

Sin embargo, la generalización del uso de la red en todo el país y las ventajas ofrecidas por Microsoft en la distribución de su Messenger permitieron que éste fuera haciéndose con un mercado recién nacido, circunstancia que obligó a los antiguos usuarios de ICQ a pasarse al Messenger para poder mantener contacto con las nuevas generaciones de usuarios. En la página Web www.icq.com (véase la figura 6.1) se puede descargar la última versión de este interesante programa.

Figura 6.1. Página oficial de ICQ.

Yahoo Messenger

Yahoo es una empresa muy peculiar. Su meteórica ascensión al Olimpo gracias a su innovador buscador temático, permitió que los jóvenes creadores de esta firma se convirtieran en unas de las personas más ricas del mundo. Lo interesante de su modelo empresarial, además de su utilidad para los usuarios, es que en ningún momento ha cambiado su concepción o su forma de actuar. Por ese motivo, cuando Yahoo (véase la figura 6.2) se decidió a lanzar un servicio de mensajería instantánea, nunca pensó abandonar sus principales valores, de manera que su Messenger no es más que una ampliación de los servicios que ofrecen, siempre muy distendidos, divertidos, coloridos, gestuales, interactivos y orientados hacia la gente joven, con una marcada estética muy llamativa y colorida.

Lo que siempre ha buscado esta compañía es que sus usuarios puedan recibir todo lo que demanden, por lo que se trata de una de las empresas de Internet que mayores opciones ofrece a sus clientes.

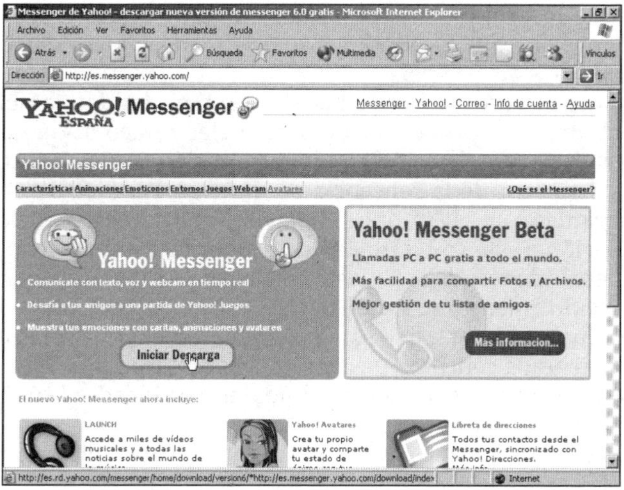

Figura 6.2. Página oficial de Yahoo! Messenger.

MSN Messenger

Es el más popular de todos en Europa y, particularmente, en España. En los últimos años, este sencillo programa se ha convertido en todo un clásico en una abrumadora mayoría de los ordenadores españoles, principalmente en los hogares.

Aunque no exista una relación científica directa, podemos atribuirle al Messenger gran parte del aumento de horas de navegación que se ha producido en España. El contacto continuo con los amigos, familiares o compañeros de trabajo ha propiciado que el usuario de Internet haya ido invirtiendo cada vez más horas delante de su pantalla y, por tanto, haya ido reclamando al mismo tiempo mejores condiciones en los accesos a la red, para optimizar gastos.

Hoy en día, en nuestro país, son pocos los hogares que no tienen instalado el MSN Messenger en su ordenador. Miles de mensajes y de conversaciones escritas circulan por la red, así como cientos de archivos se transmiten a través de este software.

La mensajería instantánea por Internet se ha convertido en un lugar ideal para quedar con los amigos, entablar conversaciones, intercambiar archivos o solicitar ayuda.

MSN Messenger es un producto de Microsoft y, como tal, ha sabido aprovecharse enormemente de las especiales ventajas que le proporciona el estar instalado "de serie" en los sistemas operativos Windows, que ocupan la mayor parte de los equipos de este país.

Gracias a eso, al "boca a boca" y a la popularidad también de Hotmail, el proveedor de correo electrónico al que está asociado, esta aplicación ha ido introduciéndose en nuestras vidas, a pesar de la reticencia de muchos usuarios de otros programas como ICQ, que se han visto obligados a realizar la transición a este software debido a su utilización masiva.

Pero, además de todas estas ventajas, MSN Messenger ha triunfado gracias a su simplicidad. Desde el primer momento. Y es que para instalarse este programa no hay que más que realizar unos sencillos pasos a través de la página Web de MSN y en unos instantes tendremos en el ordenador la última versión disponible.

El único requisito es tener una cuenta de correo electrónico.

Instalación

Como acabamos de comentar, el proceso de instalación de esta aplicación apenas dura unos minutos y se realiza de la forma más sencilla.

En primer lugar, acuda a la página www.msn.es (véase la figura 6.3) y descargue la última versión disponible, si quiere aprovechar al máximo todas las posibilidades que ofrece.

Figura 6.3. Página oficial de MSN España.

A la hora del cierre de esta guía, la versión más utilizada por los usuarios es la 6.2, aunque ya está funcionando la versión MSN Messenger 7.0. Una vez descargado el programa, haga clic sobre el icono de instalación para comenzar el proceso. Entonces, se solicitará un nombre de usuario (véase la figura 6.4) que coincidirá con el de la cuenta de correo que tenga asociada y una contraseña que, lógicamente, también será la misma que utilice para acceder al correo electrónico.

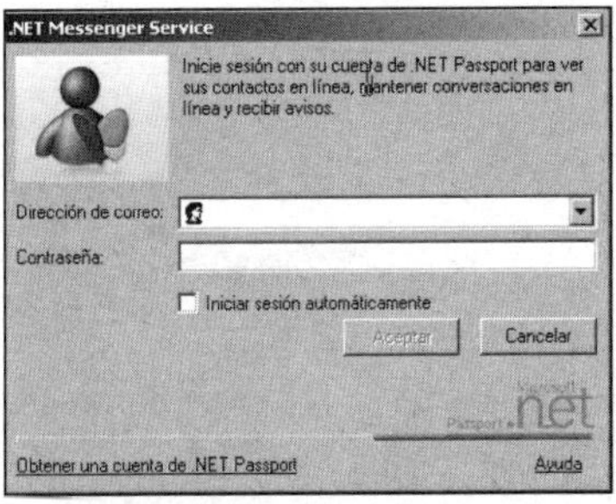

Figura 6.4. Identificación en MSN Messenger.

Si activa la casilla Iniciar sesión automáticamente, siempre que arranque el programa, su Messenger iniciará la sesión con el nombre de usuario y la contraseña predeterminada, sin que sea necesaria su repetición.

> *En caso de estar utilizando un ordenador compartido, en el que varias personas acceden a Internet, no es recomendable marcar esta casilla, ya que cualquiera podría acceder sin necesidad de conocer la contraseña.*

Tras validar el usuario, haciendo clic en **Aceptar**, aparecerá en pantalla, habitualmente a tamaño reducido, sin ocupar toda la imagen, la ventana principal de Messenger (véase la figura 6.5). En la próxima figura se puede observar la distribución de los distintos elementos que configuran la aplicación.

Funcionamiento

En la parte superior se observa un menú al estilo clásico en el que aparecen todas las opciones que se pueden realizar y que veremos más pausadamente.

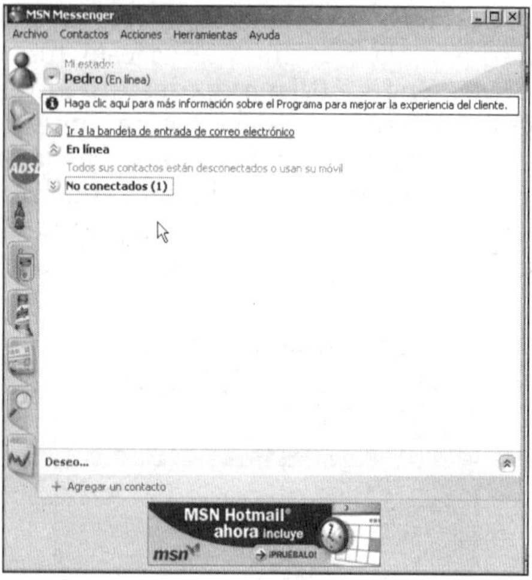

Figura 6.5. Ventana principal de Messenger.

Justo debajo encontrará un link de acceso directo a la cuenta de correo electrónico en Hotmail que tenga asociada.

Uno de los grandes valores de este programa es que, siempre que esté conectado, recibirá un aviso cada vez que reciba un mensaje de correo electrónico: "Ha recibido un nuevo E-mail".

La parte posterior está dispuesta para ser rellenada con todos y cada uno de los contactos que vaya añadiendo a su lista.

Así pues, lo primero que debe hacer una vez que se ha familiarizado con el programa es añadir los contactos que quiere tener en su Messenger.

Para ello, haga clic en Contactos>Agregar un Contacto, como muestra la figura 6.6.

Entonces, aparecerá una ventana (véase la figura 6.7) que le dará la opción de añadir un contacto que tenga en su libreta de direcciones de la cuenta de correo electrónico asociada o, la opción más común, agregar manualmente el contacto introduciendo su dirección de correo electrónico.

Una vez seleccionada la modalidad elegida, haga clic en **Siguiente**.

El siguiente paso es rellenar la casilla correspondiente con la dirección de correo electrónico del contacto deseado (véase la figura 6.8) y hacer clic en **Finalizar**.

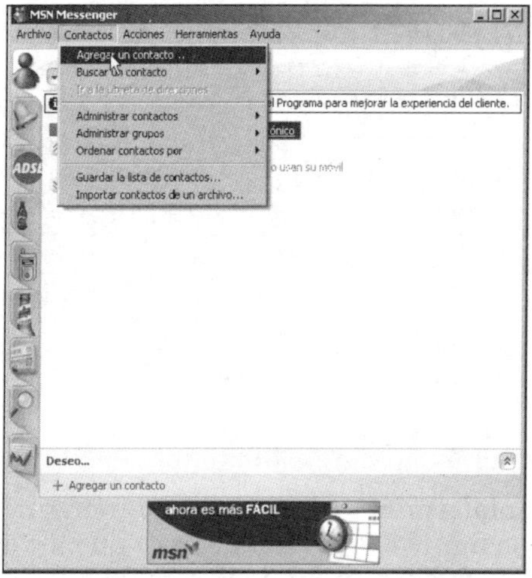

Figura 6.6. Agregar un contacto.

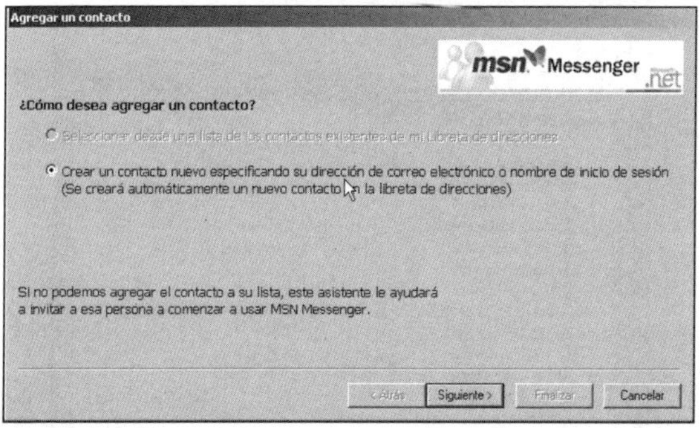

Figura 6.7. Seleccionar modo de agregar contacto.

Nota: *Habitualmente, la mayor parte de los usuarios de Messenger activan una opción mediante la cual deben autorizar personalmente que otra persona les agregue a sus contactos, por lo que es probable que sea necesario esperar a su aceptación para poder entablar conversación.*

Este proceso se puede realizar tantas veces como se desee con el fin de agregar todos los contactos que desee el usuario.

Figura 6.8. Agregando un contacto.

Así, la pantalla principal suele quedar configurada como se muestra en la figura 6.9; los contactos se pueden agrupar por colectivos o se pueden situar dentro de un mismo directorio.

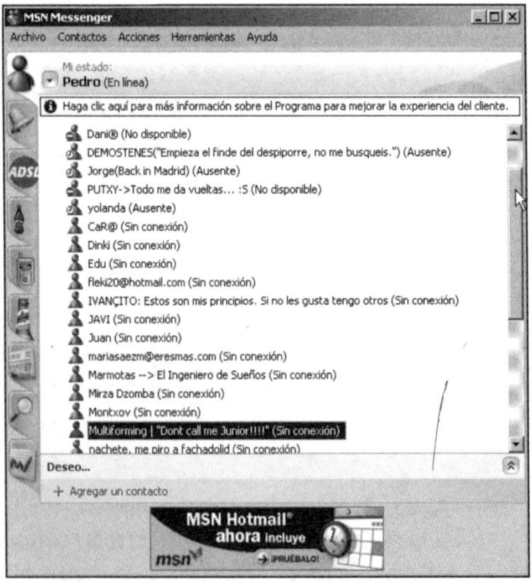

Figura 6.9. Contactos en Messenger.

Como se puede observar en la figura anterior, cada uno de los nombres de los contactos tiene delante un icono que puede ser distinto. En rojo, se muestran los usuarios que no han iniciado la sesión en el momento de nuestra conexión y que, por tanto, no están disponibles para mantener una conversación instantánea.

En azul aparecen todos los que sí están conectados en ese momento. Sin embargo, al mismo tiempo, cada uno tiene un estado que indica la disposición de cada uno en ese momento para mantener una conversación. Más adelante nos detendremos en cada uno de ellos.

Para entablar una conversación con cualquiera de los contactos, no hay más que situarse encima de la persona indicada y hacer doble clic, o hacer clic en **Acciones>Iniciar conversación de voz** y seleccionar el contacto deseado, como muestra la figura 6.10.

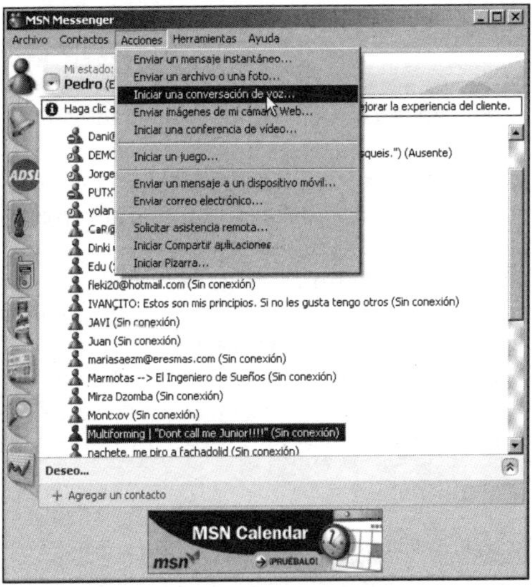

Figura 6.10. Iniciar conversación.

En ese momento, aparecerá la ventana que muestra la figura 6.11 y se podrá iniciar la conversación. El texto que se quiere transmitir se escribe en la parte inferior de la ventana y todo el contenido del diálogo aparece reflejado en la parte superior. Para lanzar el texto elegido, no hay más que hacer clic en **Enviar**.

En esta nueva versión de Messenger, el usuario puede agregar una fotografía con la que quiere identificarse, o que quiere que sus contactos vean.

La manera de configurar ésta y otras opciones de apariencia, como la imagen de fondo, la veremos más adelante.

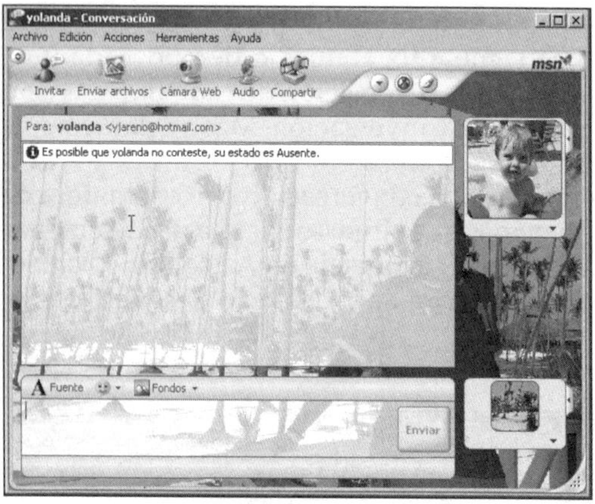

Figura 6.11. Pantalla de conversación.

Una de las grandes opciones que ofrece este programa es poder cursar conversaciones simultáneas con tres o más personas.

Es un modelo de comunicación más que útil para quedar con los amigos, para exponer temas comunes o, incluso, para conversaciones de trabajo entre varios sujetos.

Para comenzar este tipo de acción, no hay más que hacer clic en el botón **Invitar** que se encuentra en la parte superior izquierda de la ventana de conversación, como muestra la figura 6.12.

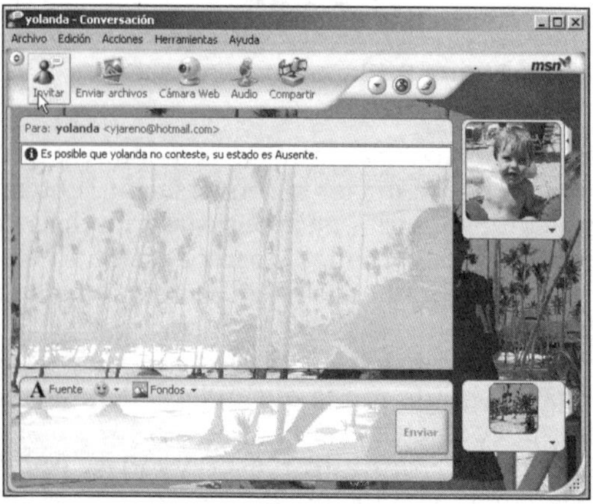

Figura 6.12. Invitar a alguien a una conversación.

Después, se selecciona el contacto al que se quiere invitar de la lista que mostrará a todos los amigos conectados (véase la figura 6.13) y se hace clic en **Aceptar**.

Figura 6.13. Elegir el contacto a quien se desea invitar.

Este proceso se puede repetir tantas veces como usuarios se quieran invitar a participar en la conversación.

Otra de las funciones importantes de MSN Messenger es la posibilidad de enviar archivos. Aunque hoy en día el correo electrónico se suele utilizar para realizar este tipo de actividades, hay ocasiones en que la inmediatez y la posibilidad de ahorrarnos pasos simplifica mucho la vida. Por ese motivo, Microsoft ha añadido esta opción en la que se pueden adjuntar archivos que serán transmitidos desde el ordenador del emisor hasta el del receptor, a una velocidad que dependerá de ambas conexiones.

Para realizar esta acción, haga clic en el botón **Enviar archivos**, como muestra la figura 6.14 y, posteriormente, seleccione el archivo deseado en su carpeta de origen.

Cuando la transferencia se haya completado, ambos usuarios serán avisados y el receptor no tendrá más que hacer clic sobre la ruta donde se ha almacenado el archivo para poder verlo.

También es posible utilizar una cámara Web para realizar una videoconferencia, con tan solo hacer un clic, de la manera más sencilla (véase la figura 6.15). Eso sí, para que sea posible, es totalmente imprescindible que tanto el emisor como el receptor tengan una cámara Web instalada y funcionando en el equipo.

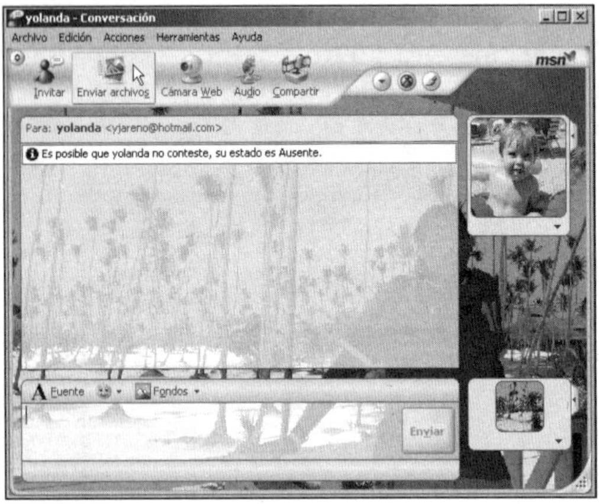

Figura 6.14. Transferencia de archivos.

Para iniciar la conversación, haga clic en Cámara Web.

Figura 6.15. Cámara Web.

Si no posee una cámara o lo que le apetece es realizar una conversación oral a través de Internet sin tener que realizar una llamada telefónica y, por tanto, ahorrar el consecuente gasto en su factura, simplemente haga clic en Audio. Al igual que en el proceso anterior, para conseguir realizar esta acción ambos sujetos han de tener en sus equipos un micrófono y unos altavoces que reproduzcan el sonido. Aunque este tipo de conversaciones pueden resultar bastante útiles, hay que tener muy en cuenta que no se trata de una llamada telefónica al uso. Así que, es probable que la comunicación se entrecorte, exista cierto retardo o incluso eco, siempre dependiendo de la calidad de las conexiones.

Opciones

Microsoft se ha dado cuenta de que cada usuario es un mundo. Por esa razón, siempre que se publica una nueva versión de este popular programa, una de las principales novedades suele estar en la ampliación de las opciones de configuración y personalización. Dicen que en la variedad está el gusto. Por eso, existen multitud de opciones de configuración, para que cada usuario se pueda sentir muy a gusto con su Messenger.

Haciendo clic en Herramientas>Opciones accederá a la ventana que muestra la figura 6.16.

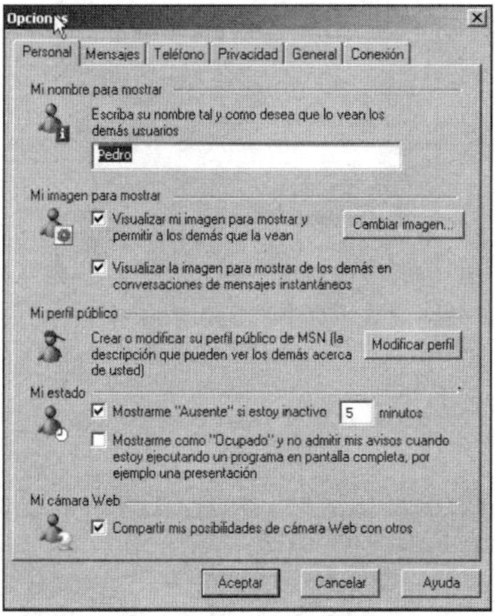

Figura 6.16. Opciones en Messenger.

En la primera pestaña, Personal, que aparece señalada por defecto, encontrará alguna de las opciones más interesantes de esta aplicación.

En primer lugar, aparece una línea de texto en la que escribirá aquello que quiere que sus contactos lean cuando estén conectados. No tiene por qué ser un nombre ni el nombre de usuario. De hecho, una de las parcelas más divertidas del

Messenger es ésta, sobre todo cuando se utiliza este programa entre un grupo de amigos. En esta opción, es más que habitual que cada cual ponga una frase divertida, un recordatorio, un aviso, o simplemente algo con lo que quiere ser identificado.

La siguiente opción ya la hemos comentado brevemente en líneas anteriores. Permite mostrar una imagen junto a nuestro cuadro de diálogo y, al mismo tiempo, ver la imagen que tiene la otra persona con la que estamos entablando una conversación. Es una manera de incluir un distintivo de cada uno. Puede ser una fotografía, un dibujo o cualquier otro tipo de imagen.

Para que todo funcione correctamente, hay que tener cuidado de que las dos casillas relacionadas con este tema estén activadas. Para configurar la imagen que mostrará, haga clic en **Cambiar imagen** (véase la figura 6.17).

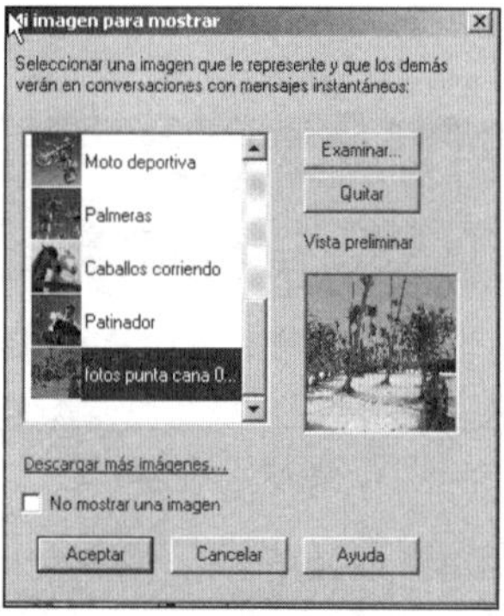

Figura 6.17. Cambiar imagen.

Ahora, seleccione una imagen de las que le aparecen en pantalla o busque en su equipo aquella que más le apetezca mostrar haciendo clic en **Examinar**. Una vez elegida, haga clic en **Aceptar** y la imagen aparecerá siempre al lado de su conversación. Podrá modificar esta elección siempre que desee.

Aunque existen muchas más opciones de configuración, no nos vamos a detener específicamente en cada una de ellas para no alargar en demasía esta guía, pero su funcionamiento es muy sencillo y está muy bien explicado en el propio programa, por lo que no hay más que echar un vistazo detenidamente para saber todo lo que se puede hacer con este gran programa.

Estados de disponibilidad

El estado de disponibilidad muestra a nuestros contactos la situación en la que nos encontramos en ese preciso momento.

Aunque un usuario se encuentre conectado al Messenger y, consecuentemente, a Internet, no significa que esté siempre disponible para mantener conversaciones.

Por ese motivo, los estados de disponibilidad ayudan a los usuarios a conocer el interés de cada cual por mantener conversaciones en determinados momentos.

Así, los distintos estados de disponibilidad (véase la figura 6.18) son:

- **En línea**: Es el más habitual. Se coloca por defecto siempre que el usuario se conecta al Messenger. Da a entender a todos los contactos que está disponible para cualquier tipo de actividad.
- **Ausente**: Se puede configurar en las opciones. Salta automáticamente cuando se está un determinado tiempo sin utilizar el ordenador. Es útil para que los demás sepan que en ese momento no se está delante del equipo, aunque da a entender que se volverá en breve. Suele mostrar temporalidad.
- **No disponible**: Es el más brusco de los estados de disponibilidad. Deja a la vista que, aunque se está conectado y, probablemente, delante del ordenador, no se quieren recibir mensajes de ningún tipo. Se suele utilizar cuando se está realizando alguna tarea importante que no permite distracciones, pero se mantiene el Messenger conectado por si surge la necesidad de decirle algo a otro usuario.
- **Salí a comer**: Es muy similar a Ausente. Como es lógico, se utiliza cuando se quiere avisar que tras hacer una pausa para almorzar, se volverá en breve.
- **Vuelvo enseguida**: Es quizás el menos utilizado. Se suele usar para las mismas situaciones que Ausente.
- **Al teléfono**: Es útil para avisar a los usuarios de que se ha recibido una llamada telefónica y por eso no se está atento en ese instante al ordenador. Es habitual su uso cuando ya se ha iniciado una conversación, para avisar que si no se responde con rapidez es por ese motivo.

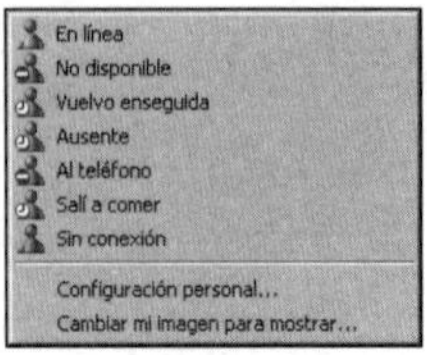

Figura 6.18. Estados de disponibilidad.

Lección 7

Lo que se puede hacer en Internet

Navegando por la red

Evolucionar o morir. Internet es el más claro ejemplo que confirma ese dicho popular. Gracias a la Red, podemos realizar un inmenso abanico de actividades sin movernos de casa, conectados a un ordenador y con un solo clic. Navegar por Internet es poder hacer multitud de tareas simultáneas sin necesidad de desplazarnos y con extrema comodidad.

Esta guía pretende mostrar a los recién iniciados una buena parte del abanico de posibilidades que Internet ofrece para que todos los usuarios puedan sacar partido a la Red. Porque hay vida en Internet más allá del correo electrónico y la mensajería instantánea.

Buscar contenido

Cuando alguien visita un país o una ciudad que no conoce tiene dos posibilidades: ir directamente a un lugar que conoce o aventurarse en busca de sitios por descubrir. En Internet, podemos establecer cierto paralelismo. En primer lugar, gracias a los navegadores (ya tratados) y conociendo una dirección de cualquier página Web, podemos visitarla directamente con un sencillo paso. Es la manera más rápida y concisa para desplazarse por la Red.

Pero, ¿y si queremos encontrar algo que no sabemos dónde está? Para eso están los buscadores. Google y Yahoo son los dos mejores ejemplos y los más útiles. Introduciendo palabras concretas en estas páginas, podremos buscar por la red como si de un mapa callejero se tratara. Cuanto más preciso se sea en la utilización de los descriptores (palabras que describen lo que queremos encontrar), mayor probabilidad habrá de conseguir rápidos resultados.

Google

Sin duda, el buscador de buscadores. Esta joven empresa ha revolucionado Internet y ha puesto patas arriba todo el mercado. Con su precisión, este buscador se ha convertido en la página Web más visitada del mundo.

A través de www.google.com (véase la figura 7.1), sólo con introducir el descriptor adecuado y esperar un tiempo tan breve que no llega a un segundo, los millones de páginas que conforman el entramado de la red quedan reducidas a un concreto abanico en el que, con un poco de pericia, podemos dar con el objetivo.

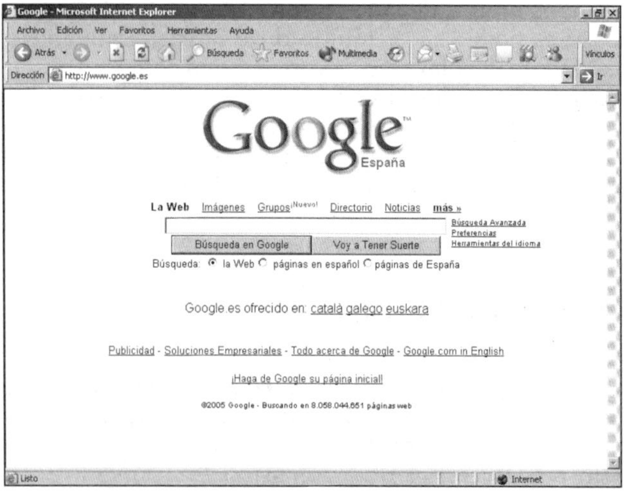

Figura 7.1. Página Web de Google.

Es tanta la relevancia hoy en día de Google, que cualquier empresa que aspire a conseguir un posicionamiento interesante en Internet, tiene que basar su estrategia en saber colocarse en los buscadores y, sobre todo, en éste. Si lo que quiere es vender zapatos, hay que intentar que siempre que un usuario escriba la palabra zapatos en Google, nuestra tienda aparezca en los primeros lugares. Como ya hemos dicho en alguna ocasión a lo largo de estas páginas, el usuario busca rapidez y facilidad de acceso. Pocos son los que buscan y buscan durante mucho tiempo. Habitualmente, lo primero que se encuentra es lo que se acepta. Por ese motivo, estar bien posicionado en Google es sinónimo de éxito.

La facilidad en el uso de Google, su espectacular motor de búsqueda, su concisión y su rapidez son los valores que han permitido a esta empresa ocupar una privilegiada posición en este mercado, facilitándole el acceso a otros paralelos como el de los proveedores de correo electrónico.

Nota: *Google no reconoce artículos, conjunciones, preposiciones o palabras muy comunes o abundantes como "el", "la", "de", "y", "en", etc.*

Truco: *Para realizar búsquedas literales de palabras o frases, conviene introducir el texto concreto entrecomillado, reduciendo el ámbito de la búsqueda pero acotándola así a las páginas en las que ese texto aparezca en ese orden. Por ejemplo (véase la figura 7.2): si queremos buscar este libro en concreto, en la red, lo más rápido es escribir "Guía Práctica Internet 2005".*

Yahoo

Yahoo es otra de las grandes empresas informáticas del mundo. El éxito obtenido por esta joven compañía es un ejemplo de que las buenas ideas, bien desarrolladas, pueden llegar a ser todo un pelotazo empresarial. La diferencia principal entre Yahoo y Google es que el producto diferencial que los primeros ofrecen es el del contenido agrupado por temas. El servicio de directorios. Aunque también se pueden localizar páginas a través de la búsqueda por descriptores, los resultados que se obtienen no son tan buenos, rápidos y eficaces como los de Google, por lo que basan todo su potencial en el servicio de contenido dividido y separado por su temática.

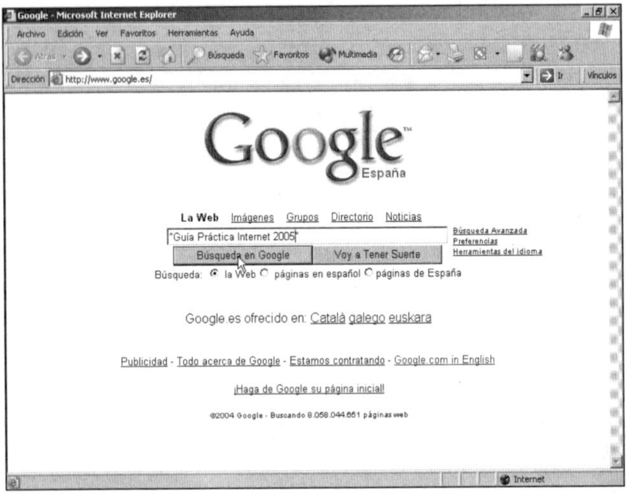

Figura 7.2. Búsqueda concreta en Google.

Así, en Yahoo (véase la figura 7.3) podrá encontrar contenidos específicos sobre cine, deportes, música, noticias, corazón... Además de ofrecer páginas que tratan esos temas, Yahoo es un especialista en crear contenido específico, por lo que posee numerosas páginas de creación propia especializada por temas.

Yahoo, a sabiendas del potencial que supone tener tanto material clasificado por temáticas concretas y conociendo la importancia creciente de la especialización, ha creado sus servicios en todos los idiomas importantes, por lo que la mayor parte de los usuarios de Internet del mundo pueden acceder al contenido que buscan en su propio idioma.

Internet, un nuevo medio de comunicación

El modelo de comunicación está cambiando de forma vertiginosa. Quién iba a decir hace décadas que las noticias iban a ser transmitidas en directo, en tiempo real y a cualquier parte del mundo en cuestión de segundos y sin apenas coste. Gracias a este espectacular avance, los medios de comunicación han encontrado un gran filón en Internet. En realidad, los medios han tenido que adaptarse a esta evolución para no perder gran parte del pastel que poseían. Aunque la prensa escrita, la radio y la televisión tienen y tendrán siempre un gran papel, la generalización de Internet en los hogares y sus innumerables ventajas han convertido este invento en uno de los principales motores del periodismo del futuro. A continuación, vamos a establecer un pequeño directorio con las páginas más importantes de los medios.

Figura 7.3. Página Web de Yahoo en español.

Prensa

"El País", líder nacional en ventas en los quioscos, ha decidido abrir de nuevo sus páginas a todos los navegantes, tras un breve periodo de suscripción obligatoria, en vista de la enorme competencia del sector y de la facilidad con la que cualquiera se puede informar hoy en día sin necesidad de pagar por ello.

Con esta decisión, PRISA aspira a recuperar el liderato perdido en la Red (véase la figura 7.4).

"El Mundo", segundo diario en papel más vendido de España, es el líder nacional en cuanto a número de visitas online. Su política de ofrecer siempre todo su contenido de forma gratuita ha contribuido a su liderazgo. Sin lugar a dudas, es una de las páginas informativas en español más completas y actualizadas del momento (véase la figura 7.5).

Figura 7.4. Página Web de "El País".

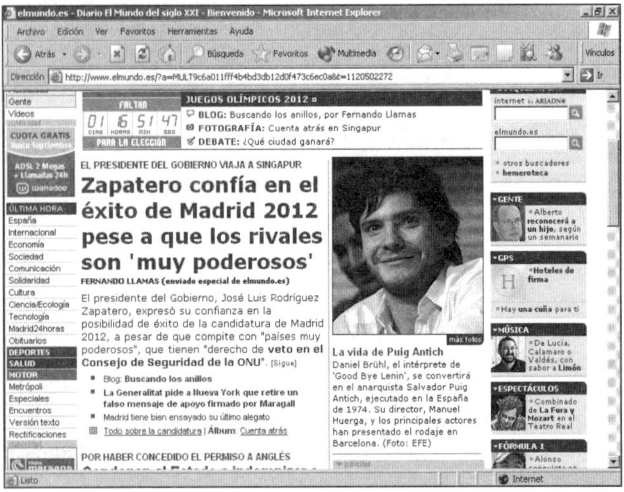

Figura 7.5. Página Web de "El Mundo".

El diario "ABC" también ha decidido crear un periódico de acceso libre y gratuito para sus lectores (véase la figura 7.6), por lo que se puede visitar para mantenerse informado de todas las noticias en tiempo real. El periódico "La Razón", cuarto diario nacional, también puede visitarse en la dirección www.larazon.es (véase la figura 7.7).

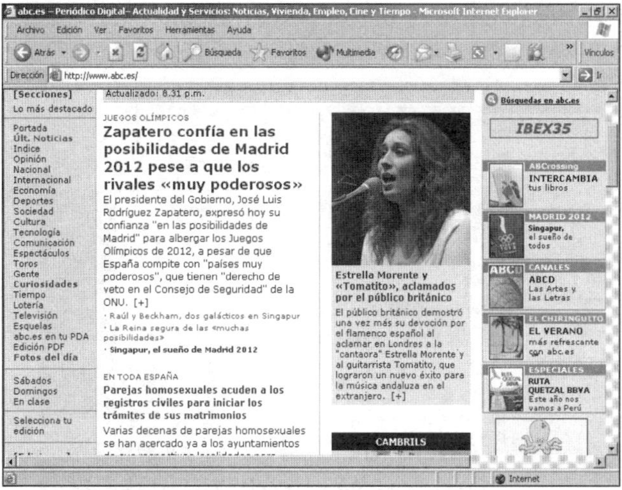

Figura 7.6. Página Web de "ABC".

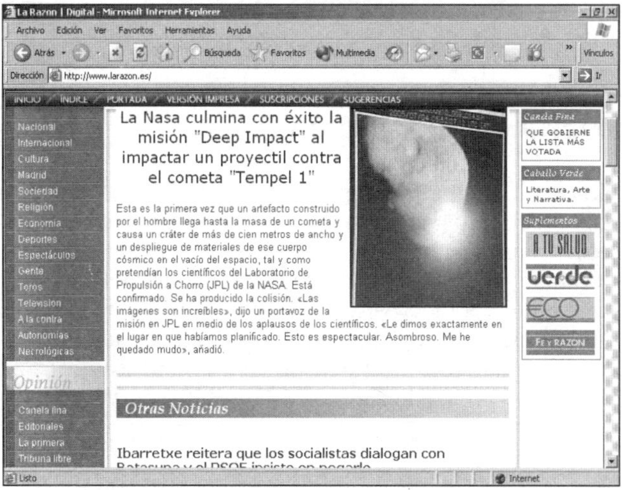

Figura 7.7. Página Web de "La Razón".

La información deportiva en nuestro país tiene un importante número de fieles, como queda constatado en el hecho de que el diario "Marca" sea el periódico más vendido en los quioscos. En Internet, la posibilidad de seguir los eventos en tiempo real ha potenciado enormemente su papel y los grandes diarios deportivos tienen sus correspondientes y exitosas versiones online (véanse las figuras 7.8 y 7.9).

Figura 7.8. Página Web de "Marca".

Agencias de información

Hoy en día, una inmensa mayoría de las noticias que se ofrecen en cualquier medio de comunicación proviene de las agencias. Las agencias son un pilar básico del periodismo moderno y un claro ejemplo de la globalización. Estas empresas, a las que los medios de comunicación se suscriben para recibir los teletipos, también emiten ya a través de Internet. En España, las más importantes son EFE (véase la figura 7.10), Europa Press (véase la figura 7.11) y Reuters (véase la figura 7.12).

Empresas no informativas

Desgraciadamente, el mundo de la información ha estado dominado desde siempre por grandes gigantes internacionales que acumulaban cientos de empresas a su servicio, por lo que muchos se han quejado de la pérdida de objetividad (máxima absoluta del periodista) en beneficio de los intereses comerciales.

Figura 7.9. Página Web de "As".

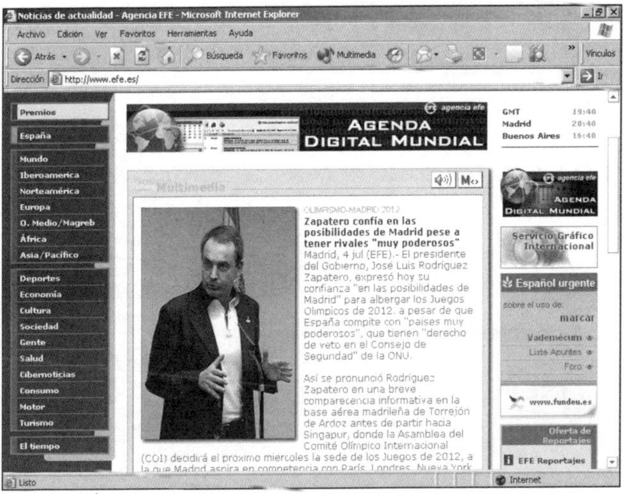

Figura 7.10. Página Web de la Agencia EFE.

Afortunadamente, Internet ha permitido que empresas independientes totalmente ajenas a estas presiones, o cualquier otro tipo de sociedad dedicada principalmente a otro sector, hayan podido adentrarse en el interesante mundo de la información.

Figura 7.11. Página Web de Europa Press.

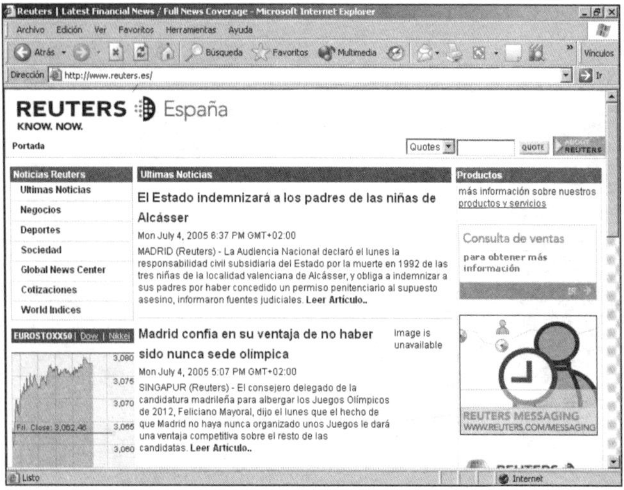

Figura 7.12. Página Web de Reuters.

Así, empresas de proveedores de Internet, entre otras, han creado sus propias secciones de contenidos informativos, logrando incluso cierto éxito.

Wanadoo, Terra o Ya.com son algunos ejemplos de que las empresas ajenas al sector también han conseguido una parte del pastel, beneficiando siempre al usuario, que puede acceder a la información por vías diferentes de las habituales.

Revistas

Es uno de los sectores en los que menos ha calado la Red. Y es lógico. Las revistas venden su información exclusiva en los quioscos y suelen tener informaciones que se desconocen hasta que se publican. Por ese motivo, en la mayoría de los casos, las revistas sólo publican una parte de su contenido en Internet, obligando al lector curioso a hacerse con la edición impresa para satisfacer su ansia de información total. Es el caso de la revista más vendida de nuestro país, "Hola" (véase figura 7.13).

Figura 7.13. Página Web de "Hola".

Revistas de cine, de música, de deportes, de economía... todas tienen ya su espacio en Internet.

Además, la oferta es mucho más amplia que en los quioscos, ya que existen páginas especializadas en cada uno de estos temas que pueden hacer las delicias de los aficionados.

Es más que sencillo encontrar información sobre nuestros grupos de música favoritos, sobre los actores más populares o sobre los futbolistas más famosos.

Radio

Con un ordenador y una conexión a Internet, cualquier persona puede escuchar su cadena de radio favorita independientemente del lugar donde se encuentre. Hasta la aparición de la Red, las emisoras de radio estaban condicionadas territorialmente por su onda de alcance. Una vez más, Internet salva las barreras del espacio y permite que la radio siga siendo un medio de comunicación de masas.

Todas las radios importantes emiten en directo a través de Internet. La emisora número uno en nuestro país, la Cadena Ser (véase la figura 7.14) no es una excepción.

Figura 7.14. Página Web de la Cadena Ser.

Cadenas de televisión

La televisión es, sin duda, el medio de comunicación más popular e influyente en la sociedad actual. Las mayores audiencias y las informaciones más seguidas siempre se producen en las retransmisiones televisivas.

Por eso, las principales cadenas han aprovechado las ventajas de Internet para potenciar su audiencia televisiva.

Así, a través de Internet se puede consultar la programación, se puede acceder a las páginas oficiales de las películas o series emitidas, se puede conocer más a los principales presentadores, o se pueden ver los mejores momentos del día a través de vídeos que se pueden descargar en el ordenador.

Internet como base de datos

La red es mucho más que un medio de comunicación. Sin lugar a dudas, una de las razones por las que Internet se ha convertido en un instrumento tan popular y cada vez más utilizado es porque, por su capacidad de almacenaje y sencillez de búsqueda, estamos ante la mayor base de datos del mundo.

Internet es el lugar apropiado para encontrar todo tipo de información. Sin necesidad de moverse de casa y recorrer cientos de bibliotecas o hemerotecas, a través de la red se pueden encontrar infinidad de datos y archivos relacionados con cualquier temática.

Y es que, gracias a Internet, cualquier información está al alcance de un par de clics con el ratón. Sabiendo concretar en los buscadores, navegando entre links y páginas de toda índole o, incluso, accediendo mediante servicios de pago a excelentes bases de datos cuidadas y bien preparadas.

Investigadores, documentalistas, analistas de información, historiadores, escritores o, simplemente, usuarios que necesitan obtener datos concretos sobre cierto tema, han visto en la red un filón del que se puede sacar un gran provecho.

Los estudiantes, por ejemplo, tienen en Internet a su mejor aliado a la hora de realizar trabajos y conseguir documentación sin necesidad de moverse de casa.

Sin embargo, tenemos que ponerle un "pero". Internet es un mundo tan amplio y tan libre, que hay que tener mucho cuidado a la hora de dar por cierta toda la información que se lea. La facilidad con la que cualquier persona puede publicar cualquier tipo de datos en una página Web accesible a todo aquél que la visite, da pie a que muchos individuos aprovechen para transmitir bulos o rumores que ni mucho menos pueden ser considerados reales, por lo que es totalmente recomendable que se contrasten todos los datos y se compruebe su veracidad.

Igual que los periodistas están obligados a contrastar la información con otras fuentes antes de publicarla, al hacer lo propio con cualquier información encontrada en la red, conviene tener bien claro si los datos son verídicos.

Comprar por Internet

Las ventas por Internet están aumentando en España a un nivel vertiginoso, aunque aún seguimos a años luz de otros países. La Red permite al usuario comprar multitud de artículos sin moverse del sillón y al mismo precio, o incluso más baratos que en las tiendas tradicionales. Además, hay que tener en cuenta que comprando online se evita el desplazamiento y la comodidad es infinitamente mayor. Pero hay dos problemas que tiran para atrás a los españoles a la hora de soltarse la coleta y lanzarse a comprar por la red: la seguridad y la no presencialidad. Como ya hemos comentado en su capítulo pertinente, las posibilidades de sufrir un robo o un engaño cuando se compra por Internet son similares a las que existen cuando se compra en la calle o se saca dinero de un cajero. Es cuestión de tomar precauciones y no tener mala suerte. Por otro lado, estamos acostumbrados a acudir al mercado o al súper y tocar la compra, comparar en varios lugares y tener los productos en nuestras manos. En Internet, esto no se puede hacer. Sin embargo, sí que podemos comparar precios en miles de páginas, elegir lo que más nos gusta y que nos lo traigan a casa. Es cuestión de prioridades.

De todas maneras, servicios como la compra de entradas a través de Internet (véase la figura 7.15) o la contratación de viajes son cada vez más demandados por los internautas españoles. Lo demás, llegará con el tiempo.

Subastas

Esta tradicional forma de comprar ha adquirido mucha relevancia a través de Internet. Una de las compañías que más éxito ha vivido en los últimos años es, sin duda, eBay (véase la figura 7.16), una empresa dedicada exclusivamente a poner en contacto a vendedores y compradores en un curioso e interesante sistema de pujas.

Los vendedores colocan en la página Web los datos de los productos que ofrecen y los compradores van pujando como en las subastas tradicionales. Habitualmente, existe un precio mínimo con el que comienza la subasta y un límite temporal que marca el momento en el que la puja concluye, de manera que el usuario que estableció el último precio es el ganador de la subasta y adquiere los derechos sobre el producto seleccionado.

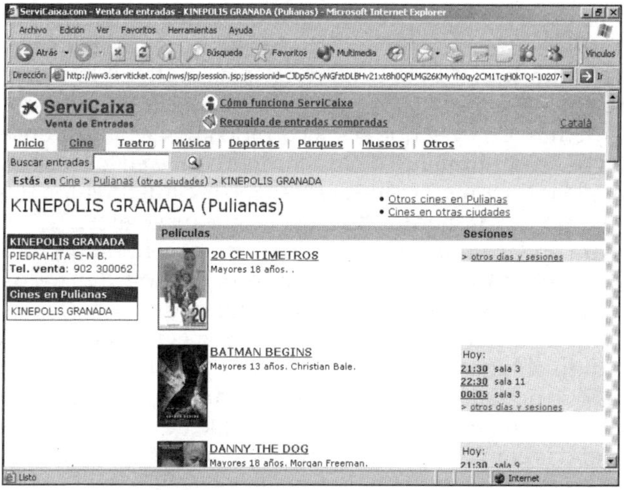

Figura 7.15. Compra de entradas online.

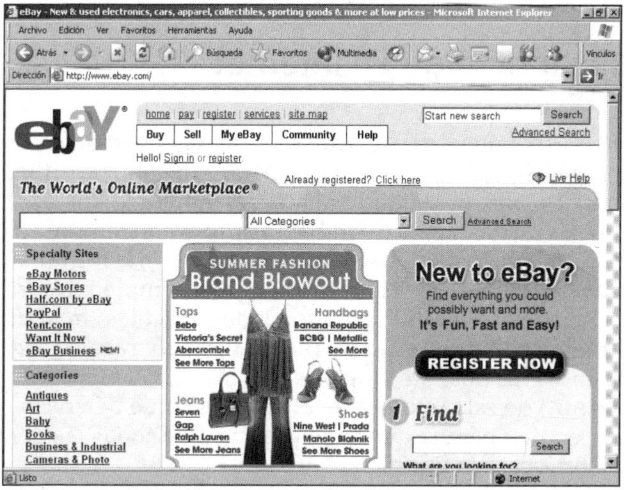

Figura 7.16. Página Web de eBay.

En los últimos años, muchos usuarios han utilizado este tipo de servicios para adquirir interesantes productos a través de Internet, aunque es cierto que ya, dado el volumen de transacciones logrado, son pocos los "chollos" que se consiguen a través de este método.

Las empresas que proporcionan este tipo de servicios han logrado enormes beneficios debido a los pocos gastos a los que tienen que hacer frente. eBay, por ejemplo, sólo pone en contacto a los dos sujetos protagonistas de la transacción.

Además, una vez que se ha cerrado la puja, la responsabilidad del cumplimiento de lo acordado recae en los particulares y todas las transacciones se realizan habitualmente a través de alguno de los medios de pago online existentes.

Para poder crear una puja o participar en una subasta, sólo hay que rellenar un cuestionario en el que se solicitan todos los datos personales necesarios para asegurar un servicio seguro.

Gracias a este tipo de páginas, muchas personas han encontrado el lugar perfecto para deshacerse de todas aquellas cosas que no sabían dónde vender, o para comprar ese tipo de objetos personales y muy peculiares que no se encuentran en las tiendas convencionales, con lo que se ha creado un mercado muy interesante.

Por todo esto, las subastas por la red son, hoy en día, un gran escaparate para coleccionistas.

Buscar empleo en Internet

El paro es una de las grandes preocupaciones de los españoles y el interés por buscar trabajo o mejorar la situación laboral es una necesidad innata del hombre. Por eso, las empresas de búsqueda de trabajo siempre han tenido su relevancia en la sociedad. En los últimos tiempos, la fórmula más rápida, sencilla y accesible para conseguir empleo es a través de la Red. En la actualidad, millones de currículos circulan por Internet y todo aquél que quiere encontrar un trabajo sabe que debe moverse por estos lugares.

Dentro de este interesante ámbito, hay que detenerse, sin duda, en una página que es referencia para todas las demás: Infojobs (véase la figura 7.17).

Esta iniciativa, consistente en ofrecer un lugar en el que cualquier empresa publica una oferta de empleo para que todo el que lo desee pueda insertar su currículum, se ha convertido en un éxito total tanto para los empresarios como para los usuarios.

Y es que desde el punto de vista de quien busca empleo, no hay más que seguir atento en la página todas aquellas ofertas de empleo que, clasificadas por temas, sean de su interés.

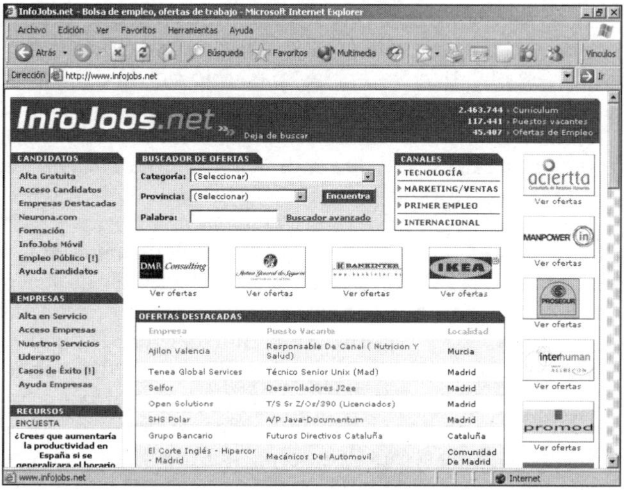

Figura 7.17. Página Web de Infojobs.

Desde el lado de los empresarios, esta posibilidad facilita mucho el proceso de selección de personal.

Gracias a estas enormes ventajas, miles de personas utilizan hoy en día estos servicios a la hora de lanzarse por primera vez al mercado laboral o, muy habitualmente, para buscar un empleo mejor sin necesidad de dedicarle demasiado tiempo.

Otra de las grandes virtudes de este tipo de páginas es su total confidencialidad, de manera que los usuarios pueden enviar sus currículos a las empresas sin que se entere una tercera.

Pero ésta no es la única empresa que ofrece este tipo de servicios online. Páginas como www.laboris.net o www.mercadodetrabajo.com ofertan una amplia gama de puestos de empleo. Otra de las páginas favoritas de los usuarios es www.infoempleo.com.

Banca online

Los horarios de los bancos convencionales no favorecen a los trabajadores a la hora de poder acudir a las oficinas para realizar todas aquellas gestiones necesarias.

Por eso, todos los bancos han puesto en funcionamiento un servicio online en el que los usuarios pueden realizar sin ninguna complicación todos aquellos trámites que necesiten hacer a través de sus cuentas (desde la contratación de nuevas cuentas hasta las transferencias, pasando por la contratación de hipotecas o la solicitud de préstamos). Todos los servicios que ofrece un banco tradicional se pueden contratar a través de Internet sin necesidad de acudir a las oficinas convencionales y sin ningún tipo de comisión o pago.

Además de los grandes bancos o cajas de ahorros de siempre, ha aparecido otro tipo de entidades bancarias que sólo funcionan a través de Internet o por contacto telefónico.

Es el caso de Patagon (véase la figura 7.18). Esta compañía, que el banco SCH compró por una cantidad de dinero astronómica a un particular argentino, ha conseguido un buen abanico de clientes gracias al buen servicio que ofrece a través de la red. La sencillez del proceso de registro, así como la facilidad con la que se puede operar, siempre bajo unas estrictas medidas de seguridad, han convertido a este banco en una muy buena opción siempre que se quiera trabajar con un banco online.

La competencia existente entre los bancos de este tipo no hace sino favorecer al público, por lo que la batalla que libra esta compañía con otras como ING Direct ha hecho posible que hoy en día se oferten interesantes cuentas de ahorro con muy buenos intereses o, incluso, hipotecas con condiciones muy favorables.

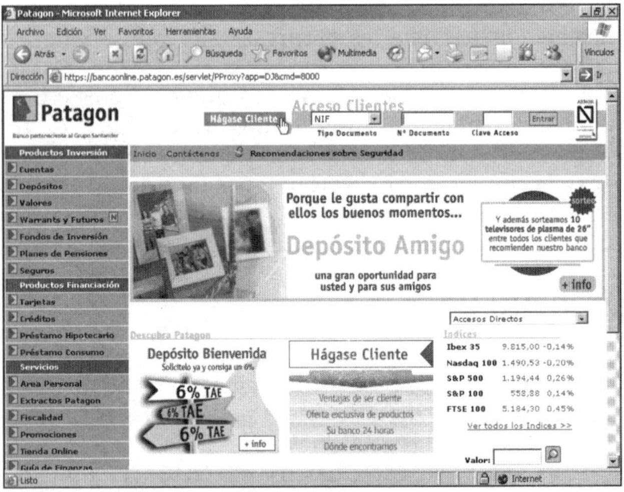

Figura 7.18. Página Web de Patagon.

E-learning

La enseñanza a través de Internet abre muchísimas puertas de futuro y poco a poco se está mostrando como uno de los mejores avances del momento. Las enormes posibilidades que ofrece la red pueden permitir a una persona realizar unos estudios a muchos kilómetros de distancia de su ciudad sin necesidad de realizar grandes desplazamientos a los lugares donde se imparten las clases presenciales.

Las grandes ciudades siempre han sido el escenario elegido por escuelas y universidades para impartir sus cursos, por lo que las personas de ciudades pequeñas o alejadas de las grandes urbes se han tenido que desplazar dejando a familiares y amigos para poder estudiar aquello que deseaban y conseguir así una buena formación. Internet ha conseguido eliminar todas esas fronteras y un alumno puede realizar todo tipo de estudios de esta manera, ya que puede recibir apuntes por correo electrónico, recibir clases de sus tutores o conversar con compañeros a través de cualquier tipo de programa de mensajería o mediante el correo electrónico. La única traba pendiente son los exámenes, pero es un mal menor.

Además, este tipo de enseñanza favorece las relaciones internacionales, ya que un estudiante puede conseguir una titulación homologada en un país diferente al suyo sin tener que abandonar su lugar de origen.

Sin duda, nos encontramos ante una utilidad de la red que, en un futuro no muy lejano, se convertirá en usual a la hora de obtener titulaciones en las más diversas materias.

En la actualidad, son pocos los grandes títulos que podemos obtener de esta forma, pero están proliferando los cursillos online que permiten adquirir los conocimientos suficientes para manejar ciertos temas que pueden ser de utilidad a los usuarios.

Buscar piso

Otro de los usos que se le puede dar a la red es buscar piso. Agencias inmobiliarias de todas las zonas del país y particulares a través de páginas personales o especializadas en estos temas ponen a disposición de los compradores de pisos multitud de inmuebles en venta, facilitando enormemente el acceso a este mercado.

Gracias a este tipo de páginas, todos los usuarios de la red pueden acceder a toda la información sobre los pisos en los que están interesados, pudiendo, además, visualizar planos, fotografías o, incluso, realizar visitas virtuales que permiten dar un paseo virtual por el interior del domicilio sin levantarse del sofá.

Lección 8

Descargas

La revolución del ADSL

Si el correo electrónico y la mensajería instantánea han jugado un papel más que importante en la generalización de Internet en el ámbito doméstico, el aumento en la velocidad de las conexiones, sobre todo desde que se abarató el ADSL, ha sido una de las claves para convencer este fenómeno.

Y es que, pese a los grandes problemas que generan las descargas ilegales para industrias como la audiovisual o la cinematográfica, lo cierto es que este tipo de costumbres ha favorecido mucho al crecimiento del uso de la Red.

Gracias a Internet, usuarios de todo el mundo pueden descargarse todo tipo de archivos a su ordenador con programas de uso muy sencillo. Aunque en muchas ocasiones, es cierto que se utiliza este medio para descargar archivos protegidos y, por tanto, se realizan de forma ilegal, no se puede generalizar. Gracias a Internet se pueden descargar una infinidad de archivos de circulación libre de todos los ámbitos. En las próximas líneas, vamos a presentar al lector un escaparate con el amplio elenco de descargas de todo tipo que se pueden encontrar en Internet.

Descargas musicales

Las descargas musicales a través de Internet han provocado un importantísimo cambio en el sector. Al igual que sucediera hace años con el paso del vinilo a la cinta y, posteriormente, al CD, la llegada del formato MP3 ha provocado un giro total en el soporte musical preferido por los usuarios.

Aunque hay que reconocer que la piratería (en forma de descargas ilegales y masivas de canciones protegidas por los derechos de autor) se ha convertido en cotidiana y al alcance de la mano en muchos países, incluido en España, no toda la descarga de música es ilegal.

De hecho, en la actualidad, muchas empresas están aprovechando el tirón de este formato y el boom de aparatos reproductores de MP3 (como el iPod de Apple) para lanzar un nuevo mercado que ya está gozando de mucho éxito. Cientos de miles de canciones se venden por Internet individualmente, de manera que los usuarios pueden personalizar totalmente sus listados musicales.

¿Qué es el MP3?

En los últimos años, el CD se había estandarizado como el formato preferido para almacenar música en todo el mundo. La facilidad con la que podía ser reproducido en todo tipo de máquinas, el poco espacio que ocupaba, la calidad que ofrecía, la posibilidad de crear discos a la carta e, incluso, la facilidad con la que podía grabarse, parecían argumentos suficientes para que fuera el soporte definitivo.

Sin embargo, el hombre nunca cesa en su empeño de mejorar sus avances tecnológicos, en busca de conseguir productos que mejoren su calidad de vida y faciliten sus actividades.

Por eso, un colectivo denominado *Moving Pictures Experts Group* (véase la figura 8.1) no dejó de investigar hasta que consiguió comprimir los archivos WAV (buena calidad, pero excesivo tamaño) en un nuevo formato que mantenía la calidad sin pérdida apreciable y necesitaba mucho menos espacio. Ese formato configuraba la nueva versión del MPEG Layer III, demasiado largo y complicado. Su acrónimo, MP3, ya ha hecho historia.

Los archivos MP3, por tanto, son una clase de ficheros musicales que consiguen comprimir el audio con una leve pérdida de calidad inapreciable para el oído humano, facilitando así su almacenamiento en equipos informáticos, su distribución por Internet y su perduración casi eterna, ya que no pierden calidad con su uso continuado.

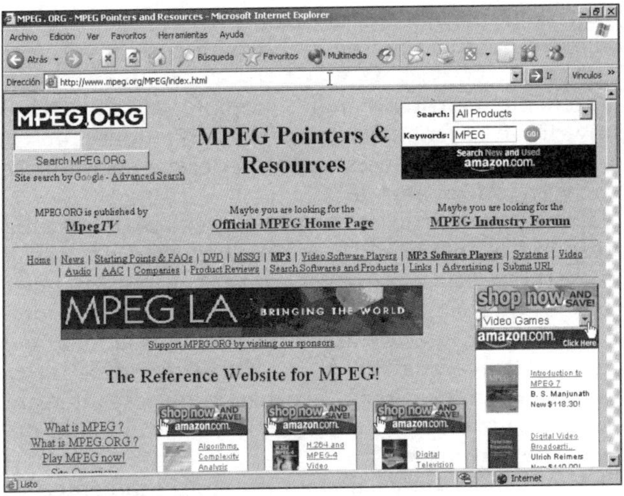

Figura 8.1. Página principal del MPEG.

En un principio, poca gente apostaba por el uso comercial de este nuevo soporte. El apego del consumidor al CD y la necesidad de tener un ordenador para poder disfrutar de esos archivos musicales parecían convertirlo en una moda pasajera.

Pero nada más lejos de la realidad. En poco tiempo, las empresas tecnológicas se lanzaron a la búsqueda de reproductores portátiles que permitieran la escucha de esos archivos en un pequeño aparato que se pudiera llevar a cualquier sitio. Y el resultado fue un éxito abrumador. A día de hoy, los discman están ya viviendo su decadencia en pos de este nuevo tipo de reproductores más pequeños y útiles que reproducen MP3.

Napster

Todo comenzó con Napster (véase la figura 8.2). Napster es una empresa norteamericana que nació en 1999 a manos de un joven de 18 años que trabajaba en una empresa de videojuegos con su tío. Shawn comenzó a utilizar masivamente el formato MP3, almacenando cientos de canciones para uso personal en su computadora. Su tío, empresario informático, vio en ese hecho una clara idea comercial y financió a su sobrino para que formara una aplicación musical para Internet. Shawn aceptó el reto y, ayudado por dos amigos de Chat, crea el 1 de junio de

1999 un programa que permite a todos los usuarios mundiales de la red el intercambio de archivos musicales con formato MP3.

De repente y sorprendiendo a propios y extraños, Napster se convirtió en un fenómeno mundial hasta entonces desconocido. El programa fue descargado por decenas de millones de personas en todo el mundo.

Napster se convirtió en la empresa pionera del sistema de intercambio de archivos P2P que explicaremos más adelante.

Fue tal la expectación que generó y el éxito que tuvo en todo el mundo, que Napster llegó a generar un tráfico de 250 millones de descargas de archivos musicales al mes, lo cual despertó a las compañías discográficas que detectaron en Napster un enemigo directo, al observar que ese intercambio se estaba realizando sin realizar el pago estipulado de los derechos de autor.

El contraataque de las discográficas fue fulminante, ya que al observar que resultaba imposible denunciar a todos los millones de usuarios del programa, que eran los que verdaderamente intercambiaban esos archivos, presentaron una demanda contra la empresa acusándola de conducta ilícita al permitir que los usuarios vulneraran los derechos de autor.

Napster funcionaba de una forma muy sencilla y, en pocos minutos, el usuario podía descargarse sus canciones favoritas.

Pero en este caso, como en tantos otros, el éxito brutal perjudicó a la compañía. La RIAA demandó a Napster en diciembre de 1999 y muchas asociaciones pusieron el grito en el cielo por los perjuicios que podrían causar a los artistas. En 2000, el exitoso grupo Metallica demanda también a la empresa y en 2001 los tribunales americanos fallan en contra de Napster.

Sin embargo, la empresa evita desaparecer al realizar una oferta a uno de sus demandantes, llegando a un acuerdo con el gigante alemán Bertelsman que adquirió la sociedad y comenzó una infructuosa labor de creación de un nuevo producto que ofreciera los mismos servicios que antes, pero filtrando los contenidos, de manera que el usuario tuviera que pagar para respetar así los derechos de autor.

Sin embargo, los usuarios no respondieron a esta iniciativa y Napster perdió todo su poder. Cuando un juez norteamericano dictaminó que la alianza entre Bertelsman y Napster no era legal, la empresa que revolucionó el mundo a través de la red se vio obligada a cerrar sus puertas.

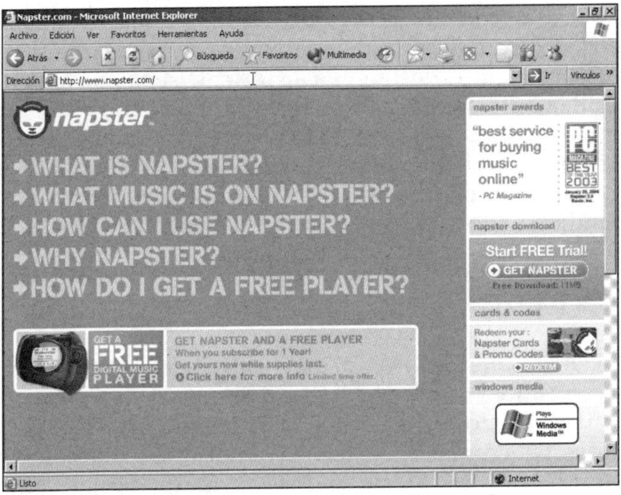

Figura 8.2. Página principal de Napster.

Pero con la caída de esta histórica empresa, las compañías discográficas no consiguieron ganar la guerra.

Napster sólo fue el comienzo de una interminable batalla que perdurará por mucho tiempo. Eso sí, las reglas del juego ya no son las mismas.

Nada más producirse el cierre de Napster, otra compañía que pasaría a la historia de este tipo de empresas pioneras fue Audiogalaxy. Con una aplicación muy similar, miles de canciones circulaban por la red a ritmo frenético de uno a otro confín. Pero también perdió la batalla legal.

A partir de ahí, los programadores consiguieron crear un nuevo elemento que asestaría un golpe crítico a la industria y que, en la actualidad, es el máximo protagonista de la ardua lucha judicial: las aplicaciones P2P, que se explicarán en las próximas líneas.

Descargas de vídeo

Pero no sólo de música se nutre el hombre. El vídeo y, por consiguiente, el cine, es una de las grandes opciones de ocio de las sociedades modernas. Además, la proliferación de las cámaras de vídeo ha conseguido que exista un importante movimiento de vídeos caseros por todo el mundo.

Gracias a la invención del Divx, que podríamos comparar (por su utilidad) al MP3 en los archivos musicales, se pueden convertir todo tipo de vídeos a un formato sencillo, de calidad y, fundamentalmente, que ocupa un espacio muy inferior al habitual. Así, los usuarios de Internet pueden tener acceso a una infinidad de vídeos de todo tipo que circulan por la Red, con el único impedimento de verse limitados por el tiempo, dependiendo de la velocidad de sus conexiones.

¿Qué es Divx?

El Divx es al cine lo que el MP3 a la música. Al menos, en la práctica. En este caso, hay que dejar claro que Divx es la modificación no legal de un formato de vídeo creado por Microsoft denominado MPEG-4 (Windows Media Video V3). La empresa de Bill Gates quería un nuevo formato para la reproducción de sus archivos WMA, por lo que creó éste. Sin embargo, las versiones que publicaron fueron aprovechadas por otros para, realizando unas modificaciones en la programación, crear lo que hoy se conoce como Divx. Obviamente, ni los creadores originales ni los modificadores no autorizados imaginaron que su criatura iba a generar el revuelo que ha generado. Su repercusión ha sido tal que, al igual que rápidamente aparecieron reproductores portátiles del formato musical MP3, han aparecido lectores y reproductores de DVD que además son compatibles con Divx, por lo que una película descargada de Internet en formato Divx puede verse con calidad aceptable en las televisiones particulares, no sólo en los equipos informáticos.

En resumen, Divx es capaz de comprimir una película DVD en un formato de CD con una pérdida de calidad casi inapreciable.

Reproductores de Divx

Hasta hace poco, la única manera posible de ver una película en Divx era a través de un equipo informático, es decir, de un ordenador. Al igual que ocurriera con los MP3, era totalmente imprescindible estar delante del ordenador para poder aprovecharse de este formato.

Sin embargo, el ingenio y la investigación tecnológica han permitido la aparición en el mercado de un sinfín de posibilidades para poder disfrutar de estos archivos en cualquier parte. Así, la forma más sencilla y recomendable de ver vídeos en Divx (películas, grabaciones, etc.) es comprando un reproductor de sobremesa que permite la visión de CD, DVD y DIVX. Su demanda ha sido tanta que los precios han bajado espectacularmente, siendo posible hacerse con un aparato de esta índole por menos de 60 euros.

Este tipo de reproductores (al igual que los portátiles, que son la última novedad) llevan incorporados todos los programas y archivos necesarios que permiten su visionado.

Porque para ver una película en Divx es totalmente necesario tener instalados una serie de archivos o códecs muy variados, que, mientras que en los reproductores de sobremesa ya vienen "de serie", han de instalarse independientemente en los ordenadores para su correcto funcionamiento.

El lugar más adecuado para la obtención de estos archivos es www.divx.com.

Al tratarse de un mundo en constante evolución, es muy importante mantener estos códigos actualizados constantemente, ya que, de no ser así, es más que probable que en muchas ocasiones no pueda visionar correctamente los archivos y tenga problemas de ralentización, falta de sincronización entre la imagen y el sonido, etc.

Programas

El mundo de Internet está plagado de software que permite realizar cientos de tareas distintas. Existen tantos y tantos programas informáticos adaptados a mil y una profesiones que no es fácil comentar cuáles pueden llegar a ser más imprescindibles.

En realidad, cada usuario se interesa por un tipo de prácticas y, por tanto, demanda uno u otro tipo de programa.

Podemos distinguir entre dos tipos o modalidades de software:

- **Freeware**: Son aplicaciones totalmente gratuitas. Cualquier usuario de Internet puede descargárselas a su ordenador y comenzar a utilizarlas sin tener que pagar por sus servicios. Existen infinidad de programas extremadamente útiles de este tipo, por lo que antes de comprarse un programa específico cuya licencia puede valer un ojo de la cara, merece la pena darse un paseo por Internet y observar si existe o no alguna aplicación similar catalogada de esta manera. Siempre que se va a descargar un archivo de estas características (desde una página apropiada), suele indicarse si es o no de carácter gratuito.

- **Shareware**: Son programas cuya descarga es también gratuita pero su uso está restringido en el tiempo; habitualmente, este tipo de software permite la utilización de sus funciones durante un tiempo determinado (suele ser un mes) y, una vez concluido, solicita un número secreto o de serie imprescindible para seguir usándolo. Para conseguirlo, basta con rellenar un formulario específico en el que se solicitarán los datos bancarios para pagar el importe correspondiente. En caso de que no se quiera comprar el producto, el usuario es libre de no hacerlo, pero no podrá seguir haciendo uso de la aplicación.Una de las páginas de descarga de software más interesantes de España es www.softonic.com (véase la figura 8.3).

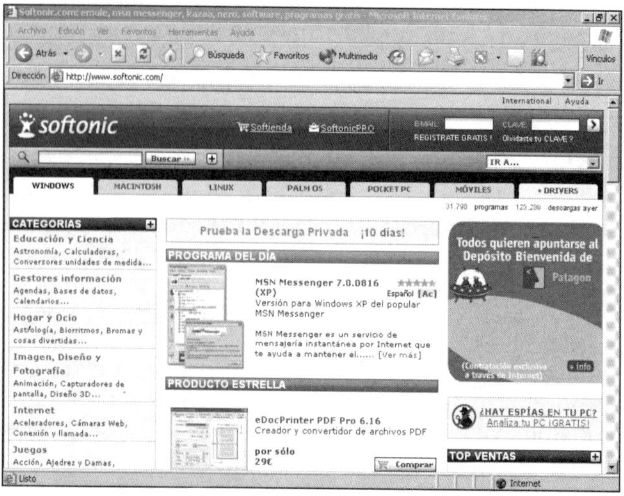

Figura 8.3. Página principal de Softonic.

No podemos pasar por alto una nueva modalidad de creación de software libre o de código abierto. Como ya hemos comentado, en los navegadores como Mozilla, o como veremos con los programas de descarga de archivos P2P, este tipo de aplicaciones está constituyendo una nueva manera de entender la red. Informáticos, programadores, redactores o creativos de todo el mundo están trabajando en la defensa de un mundo sin fronteras reales en Internet, un lugar abierto a todos en el que todo sea mejorable y el trabajo de uno pueda servir para el bien común y el desarrollo conjunto. Algo así como una comuna cibernética en la que no haya derechos de autor ni censuras. Sin embargo, las leyes del mercado, paradójicamente, no parecen muy dispuestas a convivir en paz con esta situación.

Descarga de videojuegos

En los últimos años, la industria de los videojuegos está superando en ventas y aceptación al todopoderoso mundo cinematográfico.

La espectacular evolución de los videojuegos, unida al desarrollo y mejora de las videoconsolas y tarjetas gráficas para los ordenadores, ha hecho posible que en la actualidad existan auténticas obras de arte en forma de juegos de ordenador y que mayores y pequeños puedan pasar largas horas de ocio delante de una pantalla jugando a su título favorito.

Lo que en principio era un mercado totalmente destinado a los más jóvenes de la casa ha evolucionado hacia un mundo especializado por temática y, en muchas ocasiones, dirigido exclusivamente a los adultos.

El poder adquisitivo de este nuevo público objetivo ha permitido el despliegue y el asentamiento de esta nueva forma de ocio de forma arrolladora, siendo uno de los mejores negocios del momento.

Gracias a Internet, miles de jugadores pueden interconectar sus partidas y realizar juegos en red, independientemente del lugar en el que se encuentren, pueden descargarse las actualizaciones más importantes o pueden establecer comunidades de jugadores.

Juegos como Counter Strike, Medal of Honor o FIFA International Soccer reúnen a diario a miles de personas interconectadas a través de Internet con el único fin de divertirse. Además, páginas especializadas ofrecen la posibilidad de descargar videojuegos de toda índole, habiendo crecido en los últimos años comunidades de jugadores de juegos clásicos como ajedrez, mus o dominó a través de la red.

La piratería es delito

Esta guía tiene como único objetivo mostrar a los lectores el panorama real y actual de Internet, por lo que en ningún momento se está realizando apología de la piratería.

La piratería es un delito y, en España, nos queda mucho que aprender a este respecto. El hecho de que "todo el mundo" lo haga no significa que sea lo correcto o que no vaya a pasar nada. Lo cierto es que los creadores viven de los derechos de autor y de la propiedad intelectual, por lo que la vulneración de estos derechos les perjudica.

Muchos de los archivos que se descargan a través de Internet y, concretamente, por medio de aplicaciones P2P están protegidos por estos derechos y su descarga y mantenimiento, siempre que no se tenga el archivo original, constituyen un delito.

Pero los programas de descarga no son ilegales. Y su uso, tampoco. Porque no todos los archivos que circulan por la red están protegidos.

Por esa razón, no es justo que paguen justos por pecadores y no se puede culpar a la simple existencia de estos programas de la existencia y popularidad de la piratería.

Aplicaciones P2P

La desmantelación de Napster y la persecución judicial del intercambio de archivos a través de la red de redes sólo fueron un acicate que hizo que los programadores y desarrolladores de aplicaciones informáticas se lanzaran a investigar y a crear nuevos modelos de programas que permitieran esa actividad sin necesidad de alojar los archivos en un lugar privado único, de manera que no existiera un núcleo central al que atacar y todos los usuarios fueran parte del sistema.

Así nacieron las aplicaciones P2P, unos programas totalmente revolucionarios que se han hecho populares a lo largo y ancho del planeta y que en estos momentos son protagonistas absolutos en la sociedad, en los medios de comunicación y hasta en los tribunales.

P2P es el acrónimo de *Peer to Peer*, que se aplica cuando se quiere definir una red informática entre iguales, es decir, una red que no diferencia entre clientes y servidores fijos. Todos los nodos se comportan al mismo tiempo como clientes y servidores, diferenciándose por tanto del tradicional modelo de red. Además, esta relación entre los nodos se realiza independientemente de su configuración local, velocidad, ancho de banda de conexión, etc.

La principal novedad de este esquema de comunicaciones es la ausencia de un servidor central, de manera que cada una de las partes puede iniciar una sesión de comunicación en cualquier momento.

Gracias a este tipo de software, cualquier usuario de Internet puede formar parte de este proceso con la instalación de un programa de este estilo (Emule, Edonkey, etc.) y, tras conectarse a un servidor, ser emisor y receptor de información al mismo tiempo.

Kazaa

Este popular programa fue el pionero de este tipo de aplicaciones. Siguiendo la estela que dejó Napster, los creadores de Kazaa (dos suecos llamados Niklas Zennstrom y Janus Friis) desarrollaron un software que funcionaba de la misma manera que su predecesor pero que mientras que éste necesitaba de unos servidores centrales irremisiblemente, esta nueva evolución permitía una red descentralizada.

Mediante este programa, los usuarios de la red podían intercambiar archivos musicales, de vídeo, videojuegos, programas y todo tipo de archivos de forma totalmente gratuita.

Eso sí, instalando Kazaa, los usuarios permitían la existencia en su equipo de *spyware* y *adware* (programas espía que analizan la información de los equipos y envían informes o que llenan la red de insoportables anuncios publicitarios que ralentizan la navegación).

La popularidad de este programa fue fastuosa y en poco tiempo no había usuario habitual de Internet que no tuviera instalado en su equipo el Kazaa (véase la figura 8.4).

El paso del tiempo, la aparición de nuevos programas como Edonkey y Emule y la propagación de virus a través de la red provocaron la paulatina pérdida de relevancia a nivel mundial, aunque todavía continúa teniendo un importante espacio en Internet. Kazaa Lite fue una extensión de este popular software *Peer to Peer* que eliminaba la presencia de los elementos maliciosos (*spyware* y *adware*). Su éxito fue importante pero fugaz. Demasiado tarde.

Figura 8.4. Página principal de Kazaa.

Edonkey

¿Qué tiene en común un burro con Internet? En principio, para una persona ajena a este mundillo, la respuesta es bastante clara: nada. Sin embargo, la realidad es muy distinta. Edonkey (eburro) es el programa que llevó el mundo del intercambio de archivos a través de programas P2P a la popularidad y al alcance masivo.

Este programa, que no hizo más que utilizar todo el desarrollo conseguido con proyectos como Napster o Kazaa, permitía a todos los usuarios del mundo, sin restricción, el acceso a los miles de archivos que circulaban por la red. El participante recibía archivos al mismo tiempo que enviaba otros, o el mismo.

La gran ventaja de Edonkey (véase la figura 8.5) era que, desde el primer momento, todo lo que se iba descargando pasaba a ser compartido, aumentando considerablemente el número de fuentes existentes y así sucesivamente.

Sin embargo, al principio no fue todo jauja. Las primeras versiones de Edonkey consumían tantos recursos que el uso de ellas restringía casi a mínimos el uso del ordenador para otro tipo de actividades, por lo que resultaba un incordio tenerlo encendido, a sabiendas de que no se iba a poder hacer nada más. Además, las conexiones de la mayoría de los mortales, al menos en España, eran todavía prehistóricas y la velocidad de descarga era tan escasa que cualquier tipo de archivo tardaba en descargarse una eternidad.

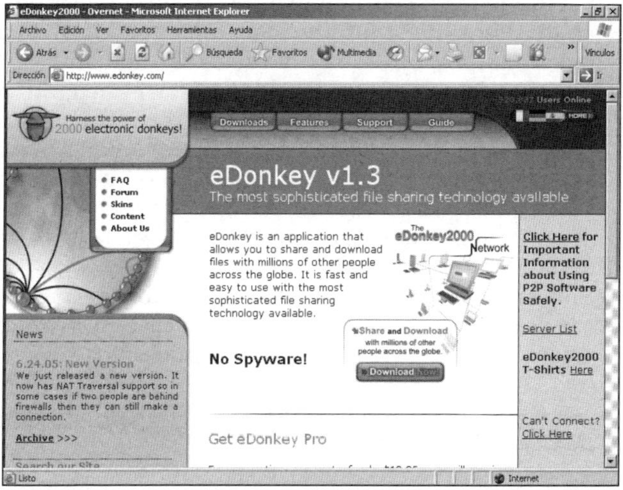

Figura 8.5. Página principal de Edonkey.

Por si todo esto fuera poco, conseguir la configuración óptima del programa requería poco menos que un Master para ser descubierta. Cada usuario tenía que investigar, probar y probar hasta dar con la que mejor se acoplaba a su equipo.

Edonkey 2000 fue una interesantísima evolución que supuso un antes y un después en el uso masivo de este tipo de programas. Llegaba la hora de la descarga masiva de archivos.

Emule

Del burro a la mula. Como diría Darwin, no es más que la ratificación de la existencia de la Teoría de la Evolución. El 13 de mayo de 2002, un joven usuario de Internet llamado Merkur decidió publicar una versión muy particular de Edonkey 2000, introduciendo leves mejoras que consideraba que podrían ayudar a superar los fallos y los problemas de su programa favorito.

Pero nunca se imaginó que su momento de gloria iba a ser tan popular. Emule (véase la figura 8.6) se convirtió en todo un hito para el mundo informático: el comienzo de los programas de código abierto y la acción definitiva que establecería los programas P2P como imprescindibles.

Emule solucionaba muchos de los grandes problemas de Edonkey, haciendo la configuración más sencilla, creando una interfaz más atractiva e intuitiva, acoplándose mejor a cada uno de los equipos, ofreciendo velocidades mayores y ofreciendo incluso la posibilidad de chatear con los usuarios que se descargaban los propios archivos o de realizar búsquedas booleanas que ayudaban a encontrar lo que se andaba buscando. Otra de las posibilidades de Emule es la previsualización del archivo antes de ser descargado, algo que resulta muy útil si lo que se desea es descargar un archivo de vídeo, ya que se puede comprobar la calidad del mismo.

Además, Emule es un programa totalmente libre de *spyware* o *adware*, por lo que cualquiera puede instalarlo en su ordenador sin temor a sufrir espionajes inesperados.

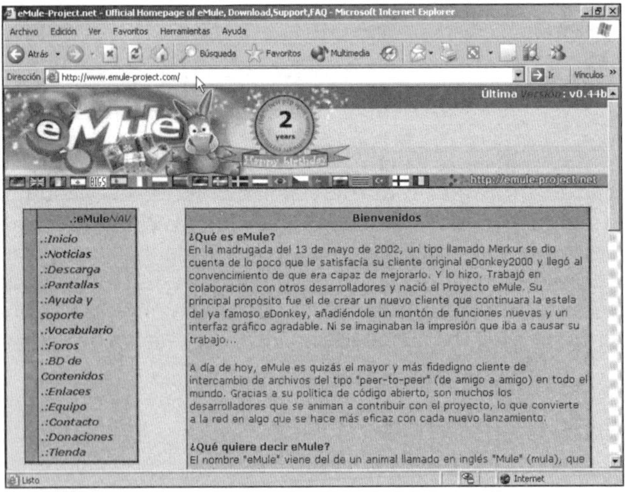

Figura 8.6. Página principal de Emule Project.

A día de hoy, Emule es el programa de intercambio de archivos más popular del planeta. Cualquier usuario de Internet que quiera estar al tanto de las últimas novedades debe conocer el uso de este programa P2P. Millones de archivos son intercambiados por sus servidores y su integración como algo cotidiano ha hecho que países como Estados Unidos hayan comenzado a buscar los resquicios legales existentes, para poder luchar contra quienes emplean masivamente estos servicios para realizar prácticas ilegales o de piratería.

La cruzada contra estas redes está servida.

Configuración de Emule

Aunque, al tratarse de un programa de código abierto, existen muchas versiones diferentes de Emule, todas parten de la misma raíz y suelen mantener una interfaz similar que no complica la labor del usuario al actualizarla o cambiar a otra distinta.

Cada ordenador y cada conexión a Internet son un mundo, por lo que no existe una configuración óptima específica que sea totalmente recomendable. Cada usuario debe ir probando cuál es la que mejor resultado le da y aprovechar al máximo todos los recursos de cada equipo.

El proceso de instalación del programa es muy sencillo. Tras descargarlo desde cualquier página existente por Internet (recordamos que es gratuito), sólo hay que instalarlo siguiendo las breves instrucciones que nos muestra el asistente.

En las últimas versiones, además, se muestra como último paso una ventana de asistencia (véase la figura 8.7) que configurará automáticamente la velocidad de subida y de bajada, así como las opciones más importantes. Es muy práctico y recomendable, por lo que es importante introducir correctamente los datos solicitados sobre nuestra conexión, ya que así nos ahorraremos bastantes pasos. Después de esto, Emule arrancará y aparecerá la ventana principal. Como se puede observar, los botones que se muestran en la barra de herramientas son muy sencillos y clarificadores, por lo que no hay más que moverse por ellos para conocer las distintas opciones que se pueden realizar con este programa.

Lo primero que debe hacer es conectarse a un servidor para poder comenzar a compartir archivos.

Para ello, haga clic en el botón **Servidores**. En esta ventana, debe añadir los servidores a los que quiere conectarse. Lo más recomendable es visitar alguna de las páginas dedicadas a este tipo de descargas y seguir sus recomendaciones. En www.elitedivx.com o www.indicedonkey.com puede encontrar información interesante, servidores o elinks.

Para añadir un servidor localizado en una de las páginas comentadas o en otras similares, simplemente haga clic sobre él y se añadirá automáticamente a su Emule. Una vez que aparezca allí, haciendo doble clic sobre él se conectará.

Cuando esté conectado (observar el icono existente en la parte inferior derecha del programa) podrá empezar a compartir archivos.

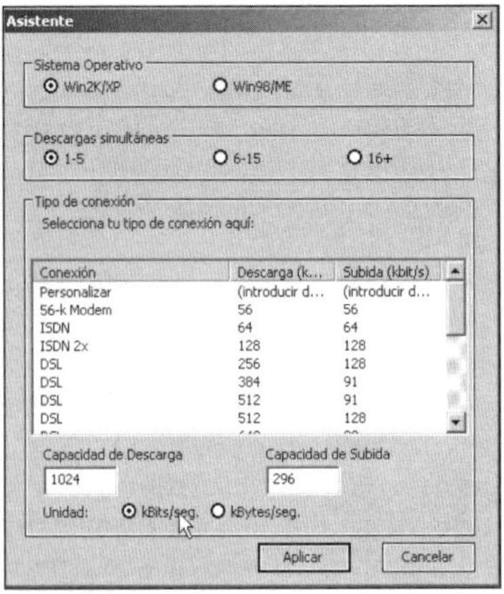

Figura 8.7. Asistente de configuración de Emule.

Para descargarse ficheros, es necesario conseguir los elinks. Un elink es un enlace que se coloca en el programa en cola de espera una vez que hace clic sobre él. Es el vínculo que le permite descargar el archivo en cuestión. Para encontrarlos, tiene dos opciones: a través de alguna de las páginas especializadas o mediante el botón **Buscar** (véase la figura 8.8) que aparece en la barra superior.

> *Utilizando el buscador de Emule, es posible que en ocasiones descargue archivos falsificados (fakes), que no contengan lo esperado o lo escrito en su nombre, por lo que es recomendable acceder a las páginas especializadas.*

Cuando tenga elegido el archivo que quiere descargar, si hace clic sobre **Tráfico** podrá llevar un seguimiento de los archivos que haya seleccionado.

En esta ventana se podrá ver el nombre del archivo, las fuentes que lo comparten, la cantidad completada, la velocidad de descarga, etc.

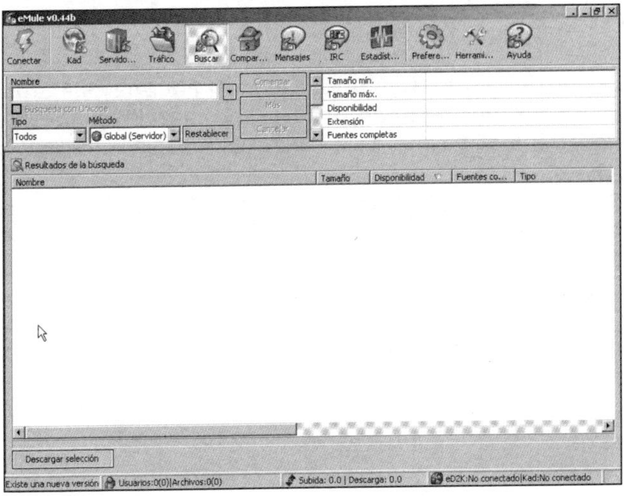

Figura 8.8. Búsqueda en Emule.

Cuantas más fuentes tenga el archivo solicitado, más rápido lo conseguirá descargar.

Emule utiliza un sistema de bonificación por uso, de manera que cuanto más tenga compartido con el resto de usuarios, más rápido podrá descargar. Por este motivo, las primeras descargas son, habitualmente, bastante más lentas de lo normal.

Es más que recomendable seleccionar, al menos, cuatro o cinco archivos a descargar simultáneamente. De esta forma, cuando uno de ellos no encuentre las fuentes a descargar o esté en una cola demasiado larga, alguno de ellos siempre irá funcionando.

Para descargarse archivos con Emule hay que tener mucha paciencia. Desde esta guía queremos dejar muy claro que este tipo de programas aseguran la descarga de los archivos deseados (de entre una inmensa variedad) pero a medio o largo plazo.

Aunque se disponga de una alta velocidad de descarga gracias a una conexión a Internet moderna, nunca se alcanzarán las velocidades de descarga logradas en la modalidad de descarga directa.

BitTorrent

Es uno de los programas P2P que más adeptos está captando en los últimos tiempos. Sus usuarios aseguran que posee grandes ventajas ya que, entre otras cosas, está libre de*spywares* y *adwares*.

Además, este software es muy sencillo de utilizar y está considerado como uno de los más eficientes, ya que no funciona de la misma manera que Edonkey o Emule al no necesitar las colas de espera. Al ahorrarse ese paso, las descargas son más rápidas ya que los archivos seleccionados comienzan a descargarse al instante, en lugar de tener que esperar a que les toque el turno como si estuviera en el mercado.

Lección 9

Tendencias en la red

Novedades y corrientes de actualidad

Internet es, hoy en día, toda una realidad plausible. Sin embargo, su constante evolución y desarrollo lo hace diferenciarse de otras muchas disciplinas. Y tal vez sea ese uno de los grandes valores de la Red para el futuro. Y es que todos los expertos en el tema consideran que lo mejor de Internet está aún por suceder. Lo que está claro es que, mientras tanto, la sociedad moderna está empezando a crecer con las nuevas tecnologías e Internet juega un papel fundamental en este proceso. Y la Red no es ajena a las modas. Las tendencias en Internet son una clara muestra de lo que se lleva en cada momento, de lo que tiene futuro, de lo que interesa. En este capítulo vamos a aproximarnos a todas esas nuevas costumbres.

Los blog

Si el lector es ajeno, por el momento, a la realidad de Internet, probablemente no habrá oído nunca esta palabra. Sin embargo, cualquier persona que ya haya utilizado la Red, tendrá una ligera noción sobre su finalidad. Un *blog* también es conocido como Weblog o bitácora y viene a ser una página personal, de actualización periódica, en la que el autor escribe sus artículos, ideas, opiniones o ideas y en la que la participación de los lectores, mediante los comentarios, es totalmente indispensable.

En realidad, son páginas Web de muy sencilla creación y que, a la postre, se utilizan para formar comunidades de lectores de blog. En la actualidad, en países como Estados Unidos, las bitácoras están logrando un excepcional auge y se están revelando como un medio de comunicación alternativo. De hecho, la mayor parte de los periodistas o medios de comunicación tienen el suyo propio. En España, el fenómeno de las bitácoras es aún muy reciente, aunque está creciendo a pasos agigantados.

Temática

Una de las grandes ventajas de las bitácoras es que permiten expresarse a su creador con total libertad. Por eso, existen blog de todo tipo y resulta muy complicado clasificarlos por categorías.

Aunque existen Weblog específicos sobre política, cine, medios de comunicación (véase la figura 9.1) o cualquier otro tema, lo cierto es que los que más abundan son aquellos en los que su creador habla de todo lo que pase por su cabeza. Quizás esté ahí el secreto de su especial interés. Multitud de mentes creativas lanzan sus ideas o sus comentarios a la Red para que todo el que se tope con esa página pueda hacer lo propio, generando así un proceso creativo y comunicativo especialmente rico en variedad.

Aún así, la mayor parte de comunidades de bitácoras, que veremos más adelante, tienden a clasificar los blog dependiendo de su temática más general.

Cómo crear un blog

Hay pocas cosas tan sencillas como crear un blog. La gran ventaja de esta nueva forma de publicación online es su sencillez y velocidad de creación. Cualquiera persona que tenga un ordenador y una conexión a la Red puede crear una bitácora, independientemente de su nivel de habilidad informática.

A continuación, vamos a acercarnos a uno de los métodos más sencillos que existen en la Red para formar parte de la blogosfera.

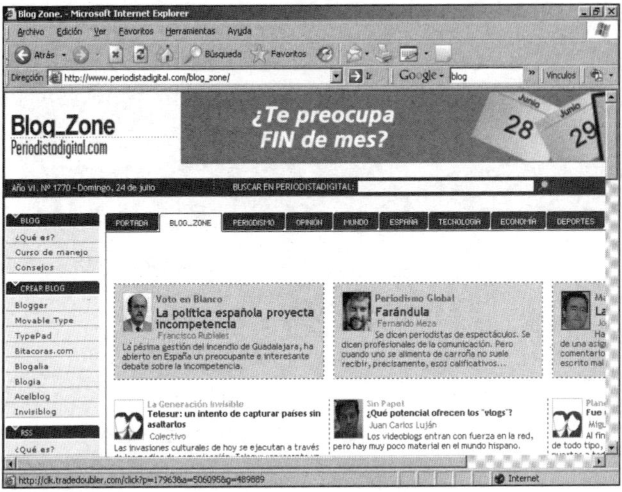

Figura 9.1. Página principal de Blog_Zone.

Blogger

Estamos, sin duda, ante uno de los líderes mundiales en la creación de bitácoras. Se trata de una de las empresas pioneras de este sector y que, como tantas otras empresas pequeñas brillantes, fue absorbida por un gigante, en este caso, Google.

El gran secreto de su éxito es la facilidad con la que cualquier visitante puede crear un blog en tres pasos, en cinco minutos. Además, la calidad visual de las bitácoras es más que notable. Por otro lado, en las últimas fechas, Blogger ofrece sus servicios en español, por lo que su uso es aún más sencillo.

Para comenzar, sólo hay que visitar la siguiente página Web: www.blogger.com.

Para crear un blog con Blogger, sólo hay que realizar los siguientes pasos:

- Haga clic en Cree su blog ahora, como muestra la figura 9.2.
- Una vez realizado el paso anterior, se abrirá la ventana que muestra la figura 9.3, que representa un formulario con el que debe registrarse en su servicio de manera totalmente gratuita.

Figura 9.2. Primer paso.

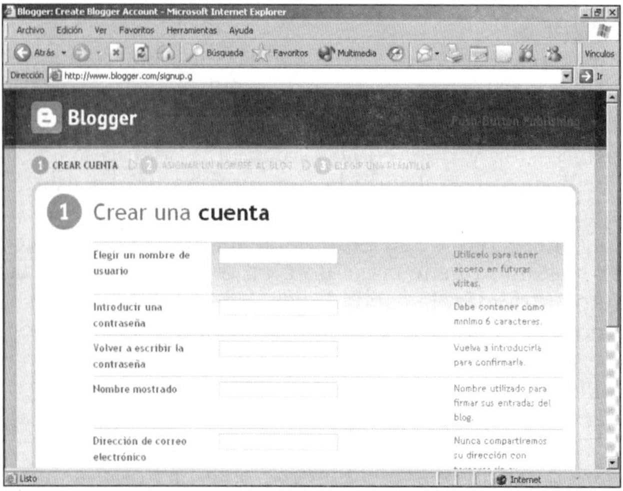

Figura 9.3. Formulario de inscripción en Blogger.

- Es totalmente imprescindible y necesaria la cumplimentación de la totalidad del formulario. En primer lugar, Blogger solicita un nombre de usuario. En caso de que el nombre de usuario ya existiera, la página le avisaría para que lo cambiase, ya que es imposible la duplicidad. En el siguiente campo, hay que introducir una contraseña de más de 6 cifras, que nadie debe conocer y que hay que repetir en el siguiente campo para asegurarse que está bien escrita.

El cuarto apartado es para la firma de los escritos que aparecerán publicados en el Blog, es decir, es el nombre de la persona que quiere que aparezca siempre como responsable de los textos que publique. En último lugar, hay que introducir una dirección de correo válida y, finalmente, aceptar los términos del contrato y hacer clic en **Continuar**, como muestra la figura 9.4.

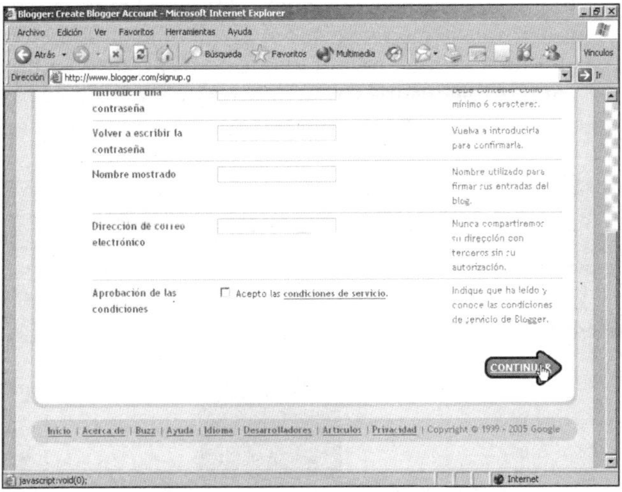

Figura 9.4. Hay que rellenar todos los campos.

- En la siguiente pantalla tendrá que otorgar un nombre a su blog. Es el título de la página que aparecerá siempre como encabezamiento. Además, debe elegir también el nombre de su dirección, que será la forma de acceso a su Weblog. Habitualmente, el nombre de la página coincide con la dirección, aunque se evitan los espacios en esta última. Una vez escrito, hay que hacer clic en **Continuar**.
- Otra de las opciones que Blogger oferta es la de situar en el lugar preferido la página Web. La aplicación coloca por defecto la página en blogpot, haciendo todo más sencillo. En caso de que el usuario quiera cambiarla de lugar, no tendrá más que hacer clic en **Configuración avanzada del blog**.

- En caso de haber elegido la opción de personalización avanzada, en la siguiente pantalla debe seleccionar el lugar donde quiere alojarla. Esta opción sólo se recomienda a usuarios avanzados.
- Volviendo a la configuración estándar, el siguiente paso es elegir el fondo que tendrá el blog. Blogger ofrece hasta doce estilos de Weblog (véase la figura 9.5), de manera que entre tantos siempre habrá uno que le guste más a la hora de establecer el primer toque personal a su bitácora. Así pues, en esta pantalla no hay más que hacer clic en el preferido, observar que se ha seleccionado y hacer clic en **Continuar**. Hay que tener en cuenta que posteriormente se podrá cambiar esta selección en cualquier momento, por lo que no hay que tener miedo a un posible futuro arrepentimiento o cambio de preferencia, gusto o estilo.

Figura 9.5. Selección de fondo de pantalla.

- Y sólo con estos pequeños pasos, ya ha creado un blog. Ahora, sólo queda su personalización, rellenarlo de contenido. Para ello, el programa ofrece la posibilidad de comenzar a escribir ya en él. En la figura siguiente se muestra la página que confirma la creación de la bitácora. Para comenzar a escribir en ella, simplemente haga clic en **Comenzar a publicar**.

Figura 9.6. Último paso.

- La siguiente pantalla (véase la figura 9.7) que aparece ya simula la típica ventana de un programa de correo electrónico para que el usuario se sienta familiarizado con la herramienta. La etiqueta **Crear** le permite escribir todo aquello que quiere publicar en su recién creado blog. Al igual que si se tratara de un correo electrónico, antes de escribir el cuerpo del texto, es necesario escribir un título. Como ya hemos comentado, lo más habitual es que un Weblog se haya creado para escribir una serie de artículos periódicamente, guardando cierta estructura o equilibrio, por lo que un buen titular puede ser un buen reclamo para los lectores, al tiempo que genera un esqueleto que vertebra perfectamente el contenido.
- Una vez escrito el contenido del mensaje, se puede editar como si se tratara de un documento convencional, cambiando el tamaño de letra, el color, la fuente, etc. Además, Blogger ofrece la posibilidad de observar cómo quedará el mensaje ya publicado.
- Siempre que se haya escrito un mensaje, se puede guardar como borrador por si el usuario no está seguro de publicar directamente el contenido.
- Si hace clic en **Publicar entrada** (véase la figura 9.8), su primer mensaje se publicará directamente en la bitácora, que ya estará disponible para ser visitada en la Red.

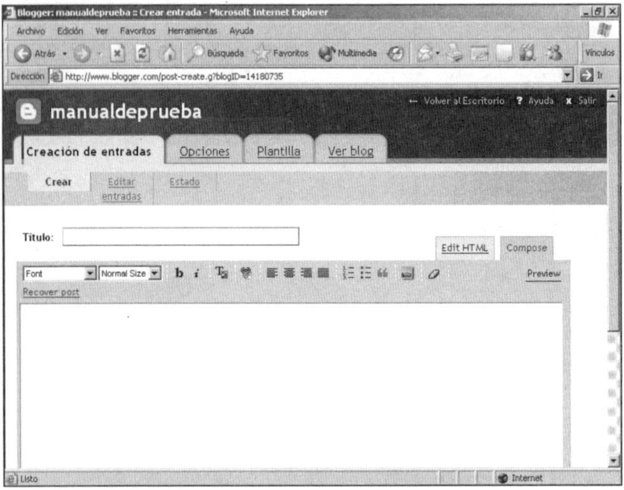

Figura 9.7. Redactar mensajes.

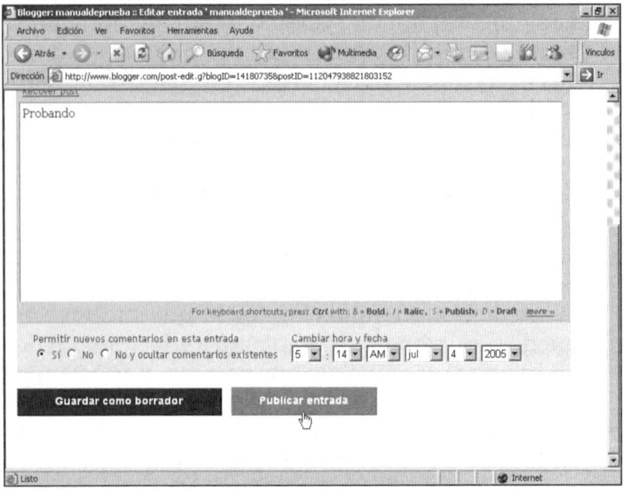

Figura 9.8. Confirmación de publicación de mensaje.

- Y ha llegado el momento de observar cómo queda la bitácora. Cómo la verán los visitantes. Para ello, tiene que hacer clic en Ver blog y le aparecerá el resultado final, como muestra la figura 9.9.
- Lo más sencillo ya está hecho. Pero llegados a este punto, lo mejor es personalizar todo aquello que se

puede mejorar, para darle así un toque personal a esta bitácora. Porque como ya hemos dicho, un Weblog está pensado para ser una ventana expresiva de cada cual al resto de usuarios de Internet. Así pues, conviene hacer clic en la ficha **Opciones** (véase la figura 9.10) para configurar todo un poco.

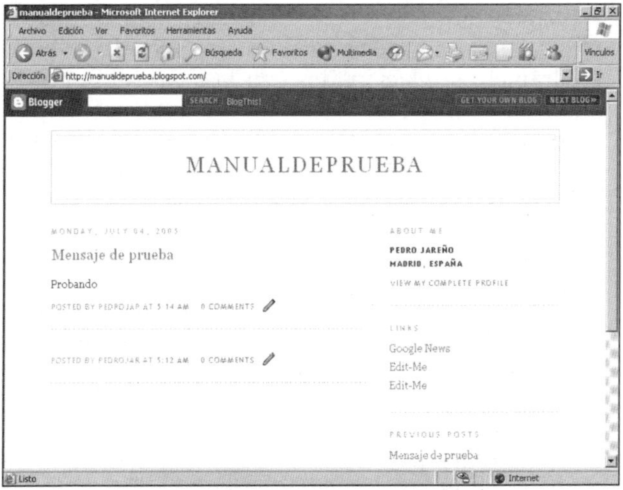

Figura 9.9. Ya tenemos un blog.

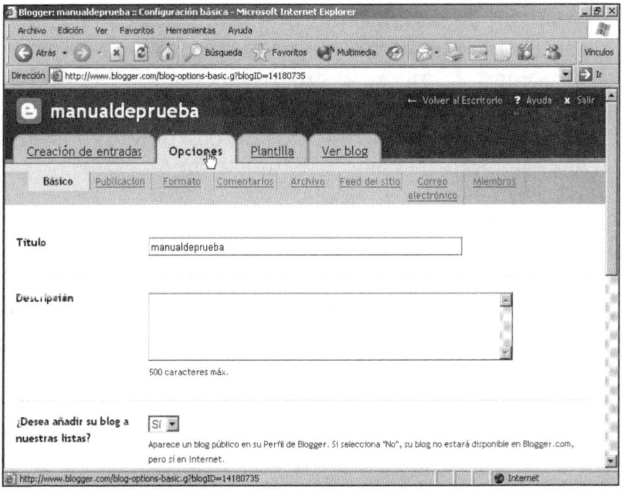

Figura 9.10. Es la hora de personalizar.

- En la pestaña **Básico** se configurarán opciones básicas, como la posibilidad de cambiar el nombre del blog, la realización de una descripción que quede visible en la bitácora y que permita al lector hacerse una idea de lo que pretende con él, etc.
- En **Publicación**, puede reconfigurar el nombre de su dirección y decidir si hacer ping con la página Weblog.com.
- En el apartado **Formato**, puede modificar muchos parámetros relacionados con la fecha, el horario o el idioma. Conviene asegurarse de que las fechas y los horarios son los correctos y, si no es el caso, modificarlos. Una vez realizados los cambios, será necesario republicar el blog para observar los cambios. El proceso durará unos minutos.
- En la pestaña **Comentarios** hay que configurar los comentarios que los lectores pueden realizar sobre los artículos publicados. Se puede decidir si cualquiera puede dejar un comentario o si sólo pueden hacerlo aquellos usuarios que se hayan registrado previamente en este blog.
- Después de cualquier cambio realizado es imprescindible guardarlo para no perderlo. Además, siempre que se quiera observar el resultado final, hay que publicar el blog para observar los cambios.
- Además de todas estas opciones personalizables que se realizan de manera más que sencilla, existen multitud de opciones más complejas que permiten la creación de un blog totalmente al gusto del creador. Sin embargo, todas estas opciones requieren de mínimos conocimientos en HTML, por lo que no vamos a detenernos en ellas en este manual básico de iniciación.

MSN Spaces

Como ya hemos visto en otros capítulos, la lucha entre Microsoft y Google por hacerse con nuevos sectores del mercado es continua.

En el caso de los blog, la compra de Blogger por Google le dio una gran cuota de mercado y lo convirtió en líder de este incipiente mundo.

Por eso, Microsoft ha tenido que contraatacar. Y lo ha hecho creando un nuevo espacio dentro de su propia red. No ha necesitado comprar una tecnología sino que ha desarrollado la suya propia.

Así, a finales de 2004, Microsoft presentó la primera versión de prueba de MSN Spaces, su espacio reservado para la comunidad de las bitácoras.

Figura 9.11. MSN Spaces.

Comunidades de bitácoras

www.bitacoras.com

Es una de las páginas más interesantes que hay en España sobre los blog. Es una comunidad amplísima que presume de tener miles de bitácoras registradas en su red. Es un sitio en el que se pueden encontrar Weblog de todo tipo de temática, gracias a un directorio constantemente actualizado y clasificado por temas. Además, en su portada ofrece las últimas actualizaciones que se han realizado.

También tiene un apartado de tutoriales, de herramientas, un foro en el que se puede consultar todo aquello sobre lo que se tengan dudas y un buen número más de apartados interesantes.

Para registrar una bitácora en esta comunidad, no hay más que inscribirse como usuario y citar el nombre y la dirección de nuestra bitácora.

www.blogalia.com

Estamos ante otro de los sitios más frecuentados en este sector. Blogalia tiene un importante arraigo comunitario y lo fomenta. Aquí las bitácoras proponen un interesante *feedback*, una reciprocidad entre escritores y lectores que resulta muy atractiva.

www.bitacoras.org

Esta página recoge un mundo muy interesante dentro del propio espectro de los Weblog. Una de las principales características de los escritores de bitácoras es que les encanta hablar de ellas, filosofar sobre su existencia, sobre los puntos comunes que tienen todos los creadores o sobre las mejoras, los avances o las repercusiones que están teniendo.

De todo esto es de lo que se trata en este magnífico sitio, cuya presentación es fantástica y cuyos detalles están muy cuidados, además de ofrecer numerosos enlaces con los temas de interés.

ww.blogdir.com

Se trata de otro directorio en el que se puede alojar una bitácora. Españoles y argentinos son los principales usuarios de este sitio, que también tiene bien clasificados los Weblog según su temática. Para añadir una nueva bitácora, sólo hay que introducir los datos solicitados (nombre, dirección de correo y dirección de la bitácora) y posteriormente se añadirá a su listado.

Telefonía por Internet

Estamos asistiendo en los últimos tiempos a una revolución en todos los ámbitos de la telefonía. La expansión del teléfono móvil, la proliferación de las tarifas planas para las llamadas locales y las llamadas telefónicas de voz a través de Internet están configurando un nuevo panorama en el sector.

Y es que gracias a las nuevas tecnologías, cualquier usuario de Internet se puede comunicar gratuitamente con otro, independientemente de su situación, siempre que tenga un micrófono y un altavoz conectado y utilicen el mismo sistema.

Los sistemas de Voz sobre IP están ya mucho más presentes en nuestra vida de lo que imaginamos. Compañías como Tele2, muy conocida en España debido a su importante campaña publicitaria y a la tarifa barata que ofrece, basan todo su sistema en la tecnología VoIP, que permite ahorrarles la totalidad de los costes de la llamada y, por ende, abaratar los costes al usuario.

Pero más allá de la contratación de las compañías telefónicas, existen programas gratuitos que ofrecen estos servicios a través de Internet y que cualquiera puede empezar a utilizar.

Lo que hay que dejar claro es que, por el momento, estos programas permiten las llamadas gratuitas siempre que se realicen a usuarios que dispongan del mismo software y que utilicen la voz sobre IP. Aunque también permiten las llamadas a todo tipo de teléfonos, todas éstas tendrán una tarificación adicional.

Skype

Los creadores del mítico Kazaa, Niklas Zennstrom y Janus Friis, han vuelto a revolucionar el mercado. Skype (véase la figura 9.12) es un programa de uso muy sencillo, muy similar al del archiconocido MSN Messenger, que permite que sus usuarios puedan hablar entre ellos de forma gratuita, al mismo tiempo que ofrece la posibilidad, aunque de pago, de realizar llamadas externas, a teléfonos convencionales.

Podcasting

Con este término anglosajón se conoce en todo el mundo a uno de los últimos descubrimientos de Internet. Se trata de descargarse, de forma automática y periódica de la Red, aquellos programas radiofónicos que interesan al oyente, para grabarlos en un reproductor de Mp3 y escucharlos en cualquier lugar en diferido. Es una técnica muy útil para todas aquellas personas que, por motivos de trabajo u otras actividades, no pueden escuchar sus programas favoritos y en otro momento tiene tiempo suficiente para hacerlo durante trayectos o viajes (por ejemplo, cuando por la mañana se va al trabajo o a la escuela).

Figura 9.12. Skype.

En la actualidad, la Cadena Ser ha sido la primera radio española en ofrecer este servicio, poniendo a disposición de los internautas sus programas más exitosos, como es el caso de "El larguero".

Lección 10

Un nuevo mercado empresarial

Introducción

El siglo XXI se antoja como la centuria de Internet y las nuevas tecnologías. La evolución tecnológica es ya equivalente a una nueva Revolución Industrial.

Los avances técnicos han dejado de ser caprichos de los más adinerados o novedades aplicables exclusivamente a labores profesionales para convertirse en un instrumento imprescindible en la vida cotidiana y un motor de la sociedad.

Tras un primer fiasco de las denominadas empresas "puntocom" en las bolsas internacionales, después de que tras alcanzar beneficios históricos, multitud de empresas cayeran en picado de forma alarmante y creando fuertes dudas en el mundo de los negocios, estamos asistiendo en los últimos años a un renacimiento de este nuevo ideal de mercado.

Internet comienza a ser rentable y ya son multitud los que apuestan por la Red, aunque en España, por ejemplo, aún estemos a la zaga.

Lo cierto es que gracias al espectacular éxito de los gigantes de Internet, como Google o Yahoo, poco a poco los grandes empresarios del panorama internacional están volviendo a apostar por invertir en Internet y nuevas tecnologías.

De hecho, las últimas cifras anunciadas por Google sobre su cotización en bolsa han demostrado que se puede ganar mucho dinero en Internet.

Sólo hay que tener buenas ideas y recursos para gestionarlas.

Grandes éxitos empresariales en Internet

Google

Google nace en 1995 cuando Sergey Brin y Larry Page se conocen en un acto realizado en la Universidad de Stanford para los aspirantes al Doctorado.

Ambos comienzan ese mismo año a trabajar para la propia universidad en un proyecto denominado *Digital Library Project*, en el que necesitan crear un algoritmo para la búsqueda de datos. El nombre que otorgan a este primer gran éxito es "*Page Rank*". Larry presenta este avance en su página Web personal.

Ya en 1996, los dos programadores comienzan a trabajar en un nuevo buscador denominado "*BackRub*". Al principio, se trata de una aplicación con fines educativos, distribuida solamente en la Universidad de Stanford, por lo que los únicos que pueden aprovecharse de ella son los alumnos y profesores. El éxito del buscador entre los usuarios hace que poco a poco le dediquen más tiempo, ya que la rapidez y la exactitud con la que encuentra los datos solicitados llama la atención de propios y extraños.

En 1997, BackRub pasa a llamarse Google. Larry y Sergey deciden otorgarle ese nombre debido a su parecido con la palabra inglesa *googol*, que es el equivalente al número 10 elevado a 100.

Poco a poco el monstruo va creciendo y en muy poco tiempo ya tienen más de 20 millones de páginas indexadas. Los creadores se van dando cuenta de las posibilidades comerciales que tiene su creación. Rápidamente registran el dominio google.com, ya que hasta entonces operaban a través de una página cedida por la facultad y después presentan su tecnología al organismo universitario correspondiente para que autorizase su venta y distribución y se moviera en el mercado para conocer si existían posibles compradores.

Las ofertas recibidas no convencen a los creadores, ya que o no se corresponden económicamente con lo esperado o no ofrecen posibilidades de desarrollar la tecnología de la mejor manera posible.

Por eso, los programadores se convierten en empresarios, tomando así la mejor decisión de su vida. Debido a sus limitaciones económicas, montan la oficina en su propia casa.

Sin embargo, cuentan con tan poco dinero que apenas pueden realizar inversiones. En otro golpe de suerte, conocen al cofundador de Sun Microsystems, que cree en su idea y les extiende un cheque por 100.000 dólares.

Entonces, se ven obligados a formar una empresa física y se instalan en un garaje, al tiempo que contratan a su primer empleado.

Las páginas indexadas siguen creciendo y en poco tiempo Google recibe 10.000 visitas diarias.

A principios de 1999, ya son 8 las personas que conforman la plantilla de la empresa y 500.000 visitas refrendan el éxito de la compañía.

El ascenso de Google desde ese momento es meteórico. Este buscador se convierte en un fenómeno de masas y millones de usuarios en todo el mundo lo utilizan como su página de referencia a la hora de realizar búsquedas en Internet.

La revolución del ADSL, que lleva la banda ancha a los hogares, relanza aún más el interés por las búsquedas de información y Google (véase la figura 10.1) se lleva la palma.

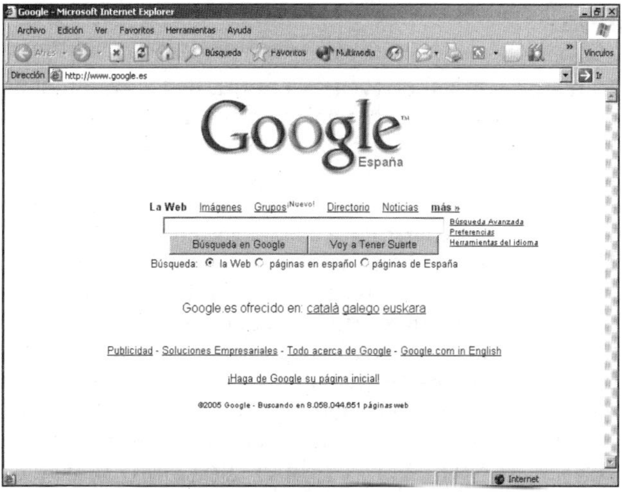

Figura 10.1. Ventana principal de Google.

En España, a pesar de que en un principio el buscador Altavista y los servicios que ofrece Yahoo son líderes en este mercado, las enormes ventajas que ofrece Google en cuanto a rapidez y exactitud pronto le permiten alcanzar el liderato.

Hoy en día, Google es mucho más que un buscador de información. Su gran éxito y su prosperidad le han permitido abrir miras y, según va pasando el tiempo, los ámbitos en los que Google quiere operar superan cualquier tipo de previsión.

En la actualidad, la compañía se ha lanzado a la conquista del mercado de las cuentas de correo electrónico como ya hemos comentado en capítulos anteriores, revolucionando ese sector al dar cuenta de sus intenciones con el lanzamiento de Gmail, un servicio de cuentas de correo electrónico gratuito de un mega de capacidad, cambiando así la tendencia del sector, que se dirigía hacia el servicio de pago.

En España, si se pregunta a cualquier persona que utilice la red sobre las cinco páginas Web que más visita, seguramente en más del 90 por 100 de los entrevistados, Google se encuentra en esa lista.

Google supone, por tanto, un ejemplo de empresa y negocio exitoso que, partiendo casi de la nada, demuestra que un buen producto llevado de la manera adecuada puede resultar más que rentable en Internet.

Yahoo

La historia de Yahoo (véase la figura 10.2) se pone siempre de ejemplo cuando se habla del éxito empresarial. Pocas veces se ha sacado tanto provecho de una buena idea.

Jerry Yang y David Filo, al igual que los creadores de Google, eran dos jóvenes recién licenciados que buscaban algo bueno en lo que desarrollar sus conocimientos.

En 1994, en la misma Universidad de Stanford, ambos dedicaban su tiempo a navegar por la red con el recién aparecido Mosaic, el precursor de Netscape Navigator.

Sus continuas visitas a la red a través del navegador les hicieron darse cuenta de que a menudo les apetecía repetir una visita. Para ello, se decidieron a tomar nota de todas las direcciones que visitaban. A ese atajo le llamaron "Vía rápida de Jerry a Mosaic". Era el primer directorio conocido que agrupaba la información según la temática, de manera que estaba dividido según se tratara de economía, tecnología, deportes, etc.

La apariencia era muy simple y apenas contenía más que texto. La idea ya estaba creada. En ese momento, nadie tenía patentado nada parecido, por lo que cualquiera se les podría haber anticipado.

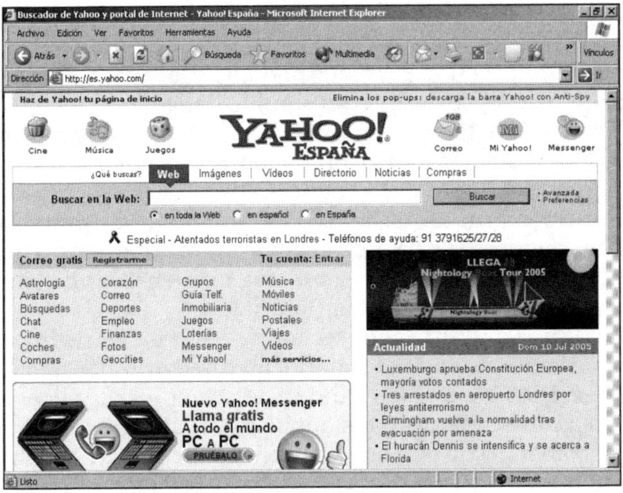

Figura 10.2. Yahoo España.

Como suele ser habitual en estos casos, el secreto del éxito es hacer lo necesario en el momento oportuno.

Tras probar varios nombres comerciales con poco tirón, finalmente se decantaron por Yahoo.

Poco a poco, el éxito de Yahoo se convirtió en un fenómeno sin parangón. Pronto, Yang y Filo recibieron una oferta de un millón de dólares por su ingenio, pero no la aceptaron ya que consideraban que podrían conseguir metas mucho más altas. Y no les fue mal la intuición.

A pesar de que una vez en el mercado, muchos directorios competían con ellos en todo el mundo, ofreciendo en muchas ocasiones algunos servicios de mayor calidad o profundidad, ninguno de ellos alcanzó la popularidad de Yahoo.

A finales de 1994, Yahoo ya tenía más de 100.000 visitas diarias.

En 1995, una empresa llamada Sequoia invirtió un millón de dólares en la adquisición de un 25 por 100 de la compañía.

En 1996, gracias al empujón financiero, Yang y Filo se decidieron a lanzar su empresa al mercado accionarial. Su cotización en bolsa supuso otro fenómeno desconocido hasta el momento para un producto de Internet.

En muy poco tiempo, sólo un año después de su creación como empresa, Yahoo ya valía más de 800 millones de dólares.

Y eso que aún muchos usuarios de la red no lo conocían. Yahoo nunca había gastado hasta entonces ni un céntimo en publicidad. El boca a boca fue el único medio de distribución de sus servicios hasta ese momento.

Pero Yang y Filo sabían que podían llegar a más. Ya con los bolsillos llenos, se decidieron a publicitarse.

Entre 1997 y 1999 el valor de la compañía se había multiplicado por 1.000. El único problema que atemorizaba a los creadores del imperio de Yahoo era Bill Gates. Microsoft era todo un monstruo al que temer. Por ese motivo, la estrategia de Yahoo siempre fue la de no realizar fusiones con rivales directos de Microsoft, al tiempo que mantener las distancias en cuanto a los objetivos empresariales.

En la actualidad, Yahoo es uno de los portales de Internet más visitados en todo el mundo. Su directorio por temática, sus servicios como distribuidor de correo electrónico o su aplicación de mensajería instantánea son sólo una muestra del amplio abanico de opciones que ofrece la compañía, siempre desde un mismo prisma de sencillez, diversión y ocio.

Amazon

Sin ninguna duda, Amazon (véase la figura 10.3) es la empresa que revolucionó el mundo del comercio electrónico. Jeff Bezos, su creador, es otro de esos personajes tocados por una varita mágica que supo ver petróleo donde no parecía que hubiera más que terreno estéril. Bezos tuvo la visión de que la venta por Internet sería todo un éxito en el momento en el que la red se extendiese por todo el mundo, y, además, supo ver que una inversión de tamaña cuantía no podía ser rentable a corto plazo, sino que su idea tendría que aguantar varios años hasta conseguir obtener beneficios, sin caer en la desesperación cuando los números rojos se repitieran cada fin de campaña.

La idea con la que nació el portal www.amazon.com era la de atraer al público a un lugar que sirviera de nexo de unión entre una extensa red de tiendas afiliadas, de manera que cualquier producto que fuera solicitado por el cliente pudiera encontrarse en alguna de ellas. Así, Amazon se especializó desde el principio en la venta de libros y, posteriormente, desarrolló también los sectores de la música, el vídeo o el DVD.

Para conseguir el éxito abrumador que tiene hoy en día, Bezos tuvo que organizar una red comercial inmensa que permitiera al cliente encontrar todo lo que buscara. Para ello, Amazon permite a cualquier tienda independiente del mundo asociarse y anunciarse en su página, al tiempo que paga un canon a Bezos. Así, mediante un sencillo proceso simbiótico, ambos, la empresa matriz y la asociada, obtienen un jugoso beneficio.

Figura 11.3. Página de Amazon.

Sin embargo, los problemas económicos con los que Bezos ha tenido que lidiar durante muchos años han sido continuos y han hecho dudar a los expertos de la verdadera rentabilidad de la compañía. Lo cierto es que el caso de Amazon es muy extraño. Poca gente no podía comprender cómo una compañía que mostraba continuamente una evolución y una expansión abrumadoras no conseguía los suficientes beneficios como para salir de los números rojos.

Los expertos vaticinaban la desaparición de la compañía en poco tiempo. Por mucho optimismo que su fundador se empeñaba en ofrecer, la realidad, en los negocios, siempre supera a la esperanza.

Sin embargo, Bezos lo tenía muy claro y esperó. Y en este caso, la paciencia fue una gran decisión.

Si en 2002 Amazon aún sufría casi 150 millones de dólares de pérdidas, 2003 fue el primer año en el que la compañía abandonó los números rojos que dominaban sus balances desde su fundación para presentar unas cuentas positivas con un beneficio de más de 35 millones de dólares.

En 2004, sólo en el primer trimestre, Amazon ya había ganado más de 100 millones de dólares. La progresión es continúa y parece que Bezos se ha salido con la suya, pudiendo llegar este año a obtener más de 500 millones de dólares de beneficio y levantando la cabeza con orgullo al frente de la recuperación de las empresas puntocom.

Amazon tiene en la actualidad más de 100 millones de clientes distribuidos en más de 200 países de todo el mundo. Su último reto es el mundo de la joyería, donde pretende convertirse en el mayorista por excelencia aprovechando su inmensa red comercial personalizada y beneficiándose de los amplios márgenes que genera este sector.

Amazon ha invertido muchísimo dinero en tecnología y ello le ha permitido tener una red tan extensa y bien cuidada.

Por ese motivo, además de su actividad empresarial como comerciante electrónico, en los últimos tiempos está desarrollando su faceta de intermediario de software. Miles de empresas en todo el mundo están decidiendo encargarle a Amazon la creación de sus portales de Internet, para que funcionen de la misma forma, utilizando sus motores y su tecnología, en lugar de crearlos independientemente para ofrecer competencia, lo que requeriría una inversión mucho mayor para crear algo que nadie sabe si realmente va a funcionar.

eBay

El mundo de las subastas en Internet sólo tiene un dueño. La compañía estadounidense eBay también es sinónimo de éxito. La idea original de subastar productos de cualquier tipo a través de la red se ha convertido en una de las más rentables de todos los tiempos. Una de las afirmaciones más habituales en el mundo de los negocios siempre ha sido "hay que hacer feliz al cliente para que la empresa funcione". Pues bien, eBay (véase la figura 10.4) es el más claro ejemplo de eso.

El gran éxito de esta compañía se debe, simplemente, a que ha sido capaz de satisfacer a millones de usuarios de forma directa. Los servicios que ofrece esta compañía permiten que cualquier persona pueda "librarse" de uno o varios objetos que creía perdidos para siempre en cualquier cajón y conseguir un beneficio con ellos, consiguiendo un doble alivio, desprenderse de algo que creía inútil y, además, recibir una compensación económica. Si, además, sumamos que muchos clientes que experimentaron esa sensación en un primer momento se decidieron a convertirlo en algo habitual, en un negocio paralelo a través de eBay, podremos comprender la dimensión del éxito.

Figura 10.4. Ventana principal de eBay España.

Y es que eBay ha permitido el enriquecimiento de miles de personas al mismo tiempo que la empresa madre obtenía también desorbitados beneficios por servir de intermediario entre compradores y vendedores. Anticuarios o vendedores convencionales vieron que la posibilidad de utilizar los servicios que ofrecía eBay al poner en contacto a tantos millones de personas, sin moverse de su casa, podría relanzar su negocio y así ha sido. En la actualidad, muchas empresas sobreviven y consiguen muchos beneficios trabajando, exclusivamente, a través de eBay, subastando sus productos.

Porque el funcionamiento de eBay es muy simple: cualquier persona coloca un producto en sus páginas pagando un módico precio a la compañía, sitúa un precio mínimo de partida y otro máximo (opcionalmente) y una fecha de fin de la transacción y comienza la puja. Los clientes van ofreciendo la cantidad que ellos consideran aceptable para hacerse con el objeto en cuestión y así hasta que llega la fecha determinada como definitiva. En el momento del cierre, el usuario que más ha pujado por el objeto se hace con él.

Además, el medio de pago también ha favorecido el crecimiento de otro tipo de servicios empresariales paralelos que se han beneficiado de ello, como es el caso de PayPal, una empresa que pone a disposición de los clientes de eBay un método cómodo, seguro y sencillo para realizar las transacciones económicas. Tal fue el éxito de esta otra compañía que eBay se decidió a comprarla por 1.500 millones de dólares. Pero eBay es una empresa muy distinta a Amazon. A pesar de que las dos se mueven dentro del panorama del comercio electrónico, mientras que la compañía de Jeff Bezos tiene stock, compra y vende productos directamente, y pone en contacto a usuarios con otras tiendas, eBay no realiza ningún tipo de transacción, no actúa físicamente como vendedora. eBay sólo es un intermediario que ofrece su enorme telaraña para que los demás usuarios se pongan en contacto entre sí.

El resultado es que, mientras que Amazon ha tardado casi 10 años en empezar a obtener beneficios, eBay es un ejemplo de rentabilidad y una máquina de hacer dinero. Los números presentados por la compañía son más positivos y sorprendentes año tras año.

La conquista del mercado internacional por parte de eBay le ha supuesto un aumento potencial de clientes muy importante, por lo que su llegada a Europa y Asia ha sido fundamental para no quedarse estancada en el mercado anglosajón.

En España, eBay se hizo con el portal iBazar, que, aprovechándose del éxito de eBay, consiguió buenos resultados en el complicado mercado electrónico español.

Kelkoo

Esta empresa europea es una de las pocas excepciones que demuestran que en el viejo continente también se puede crear una empresa exitosa por Internet. Kelkoo (véase la figura 10.5) ofrece unos servicios de comparación de precios y catálogos que han resultado muy útiles para sus usuarios.

A través de estas páginas, un usuario puede conocer el precio en distintas tiendas de un determinado producto, además de poder conocer todas sus características e incluso observar las opiniones de otros clientes que, previamente, han comprado el mismo producto.

Internet se ha convertido en un medio muy accesible que ofrece información a los clientes en muchos ámbitos. El consumo es uno de ellos y el público, temeroso de sentirse engañado al realizar sus compras y conocedor de la diferencia de precios y calidades existentes, ha visto en este tipo de servicios una salida y un complemento previo ideal a la hora de realizar una inversión. Quizás, el mayor éxito de estos servicios esté en relación con los productos tecnológicos. La diversidad de marcas y de comercios ha provocado en el comprador un temor a la equivocación, al riesgo y al fracaso, por lo que la comparación previa se ha convertido en un valor añadido.

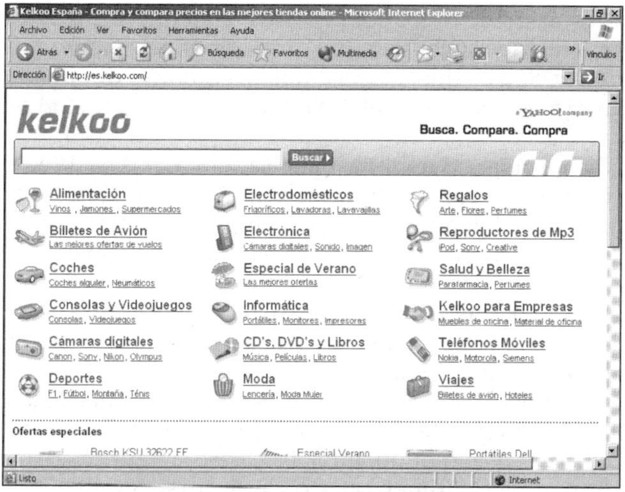

Figura 10.5. Página de Kelkoo.

Kelkoo lo ha sabido valorar y hoy en día recibe más de 30 millones de visitas mensuales. Este hecho provocó que la multinacional Yahoo se fijara en ella y pagara 475 millones de euros por su adquisición. Kelkoo era rentable y los grandes los sabían. Kelkoo tiene unos motores de búsqueda que le permiten comparar precios de tres millones de productos distintos en más de 2.500 tiendas diferentes. Sus servicios encajan perfectamente con los ideales de Yahoo, que está interesado en poder ofrecer a sus usuarios todos los servicios que les puedan interesar desde sus propias páginas.

Kelkoo nació en Francia en 1999 y posteriormente fue impulsada por su fusión con la española DondeComprar, relacionada con la también española Netjuice. Kelkoo opera en países como España, Francia, Reino Unido, Italia, Noruega, Suecia, Finlandia, Dinamarca, Países Bajos, Argentina, Brasil y Méjico, aunque su compra por parte de Yahoo pretende catapultarla hacia un mercado mucho más amplio.

Infojobs

Aunque a un nivel inferior que las anteriores empresas, Infojobs es un claro ejemplo de la rentabilidad que se puede obtener con una empresa por Internet en España. Infojobs nace en abril de 1998 dentro del Grupo Intercom, responsable también, entre otros, del portal www.softonic.com, una de las mejores bases de datos sobre software en nuestra lengua. El nacimiento de Infojobs es obra de un joven de 22 años, Nacho González-Barros que, al igual que los grandes dominadores del mercado internacional, tuvo una buena idea y supo cómo desarrollarla.

Nacho pensó que sería interesante crear una Web que gestionara el proceso de selección de trabajadores de las empresas, poniendo en contacto a empresarios con trabajadores que podían dar a conocer sus currículos a través de este medio.

En la actualidad, Infojobs.net se ha convertido en el portal de empleo más importante de España y en toda una referencia a la hora de buscar empleo.

Los jóvenes universitarios españoles ya utilizan la red como el primer lugar para moverse en busca de su primer empleo y, en este sentido, Infojobs (véase la figura 10.6) parte, sin duda, en el primer puesto de la lista. Su claridad, su sencillez, su rapidez y su eficacia lo han convertido en un gran negocio que soporta miles de visitas diarias.

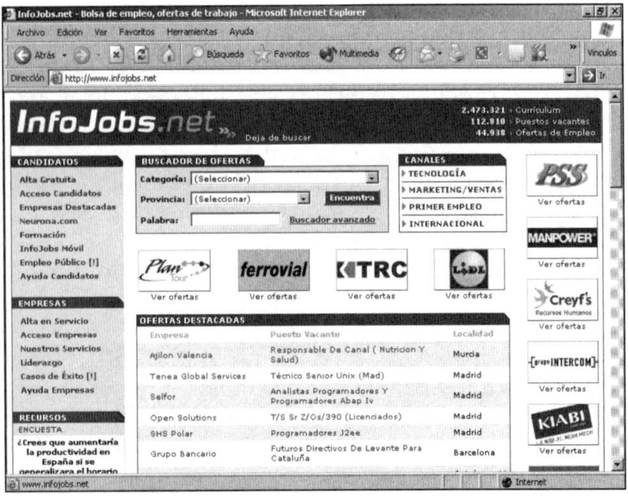

Figura 10.6. Infojobs, un modelo de crecimiento.

Y es que todo aquel español que quiere estar a la última introduce su currículum en Infojobs, busque o no busque empleo activamente, ya que nunca se sabe lo que puede pasar. La mala situación laboral que existe en estos momentos en España, incluido el sector más cualificado, con miles de licenciados universitarios en paro, ha promovido multitud de iniciativas empresariales de cara a facilitar el acceso al mundo laboral de todos estos jóvenes desempleados, como es el caso de las empresas de trabajo temporal.

Sin embargo, Infojobs es más interesante que ese tipo de empresas, ya que pone al demandante de empleo en contacto directo con la empresa sin necesidad de realizar búsquedas agotadoras.

Internet ha revolucionado el mundo de la búsqueda de empleo. Atrás quedaron los tiempos en los que los desempleados se recorrían a pie empresas de todas las ciudades para entregar en mano un currículum o se gastaban un dineral en sellos para enviarlo por carta. En estos momentos, el correo electrónico y los portales de búsqueda de empleo son las primeras opciones para la mayoría de los jóvenes que buscan su entrada en el mercado laboral y los creadores de Infojobs lo saben.

Por eso, se han decidido a hacer una gran campaña publicitaria a nivel nacional, con anuncios en autobuses, marquesinas, etc., mientras que, hasta el momento, no hacían más que campañas de marketing online.

Shoomo

Las buenas ideas tienen cabida en Internet. Shoomo es un proyecto español que, pasito a pasito, está consiguiendo convertirse en toda una referencia en la Red. Shoomo (véase la figura 10.7) es un buscador estratégico de productos encaminado a mostrar al usuario, en un solo paso, todas las opciones que tiene en Internet para comprar el producto deseado, otorgándole la posibilidad de comparar precios de una forma rápida, intuitiva y eficaz.

Gracias a este servicio, encontrar productos informáticos, tecnológicos, libros, películas o viajes (entre otras muchas opciones) al mejor precio es cuestión de segundos.

El acuerdo con las principales tiendas y servicios de venta online del país, sumado a su espectacular motor de búsqueda y clasificación de productos, convierte a Shoomo en un modelo a seguir dentro del mundo de los negocios incipientes en Internet.

Figura 10.7. Shoomo, un ejemplo de ingenio en la Red.

Índice alfabético